टिम कुक

कुछ से बहुत कुछ

अनबाउंड स्क्रिप्ट

CEO सिरीज़ : टिम कुक

ISBN : 978-93-92088-65-0

प्रकाशक : अनबाउंड स्क्रिप्ट
2/41, अंसारी रोड,
दरियागंज, नई दिल्ली-110002
वेबसाइट : www.unboundscript.com
ई-मेल : books@unboundscript.com
फोन नं. : 011-35807601

CEO Series : Tim Cook
Edited by Ashish Mishra

मुद्रक : विकास कम्प्यूटर्स एण्ड प्रिंटर्स,
गाजियाबाद

मूल्य : ₹ 125/-

टिम कुक

कुछ से बहुत कुछ

अनबाउंड स्क्रिप्ट

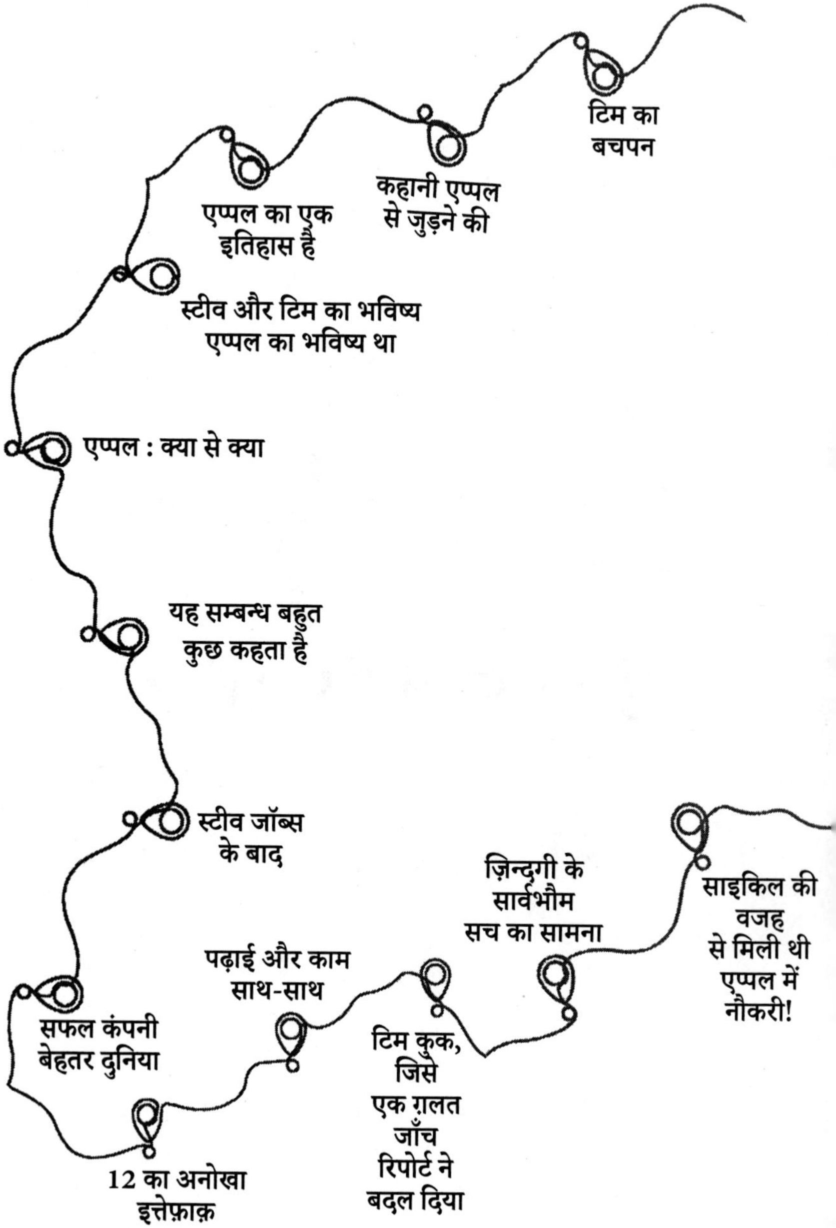
टिम का बचपन
कहानी एप्पल से जुड़ने की
एप्पल का एक इतिहास है
स्टीव और टिम का भविष्य एप्पल का भविष्य था
एप्पल : क्या से क्या
यह सम्बन्ध बहुत कुछ कहता है
स्टीव जॉब्स के बाद
सफल कंपनी बेहतर दुनिया
12 का अनोखा इत्तेफ़ाक़
पढ़ाई और काम साथ-साथ
टिम कुक, जिसे एक ग़लत जाँच रिपोर्ट ने बदल दिया
ज़िन्दगी के सार्वभौम सच का सामना
साइकिल की वजह से मिली थी एप्पल में नौकरी!

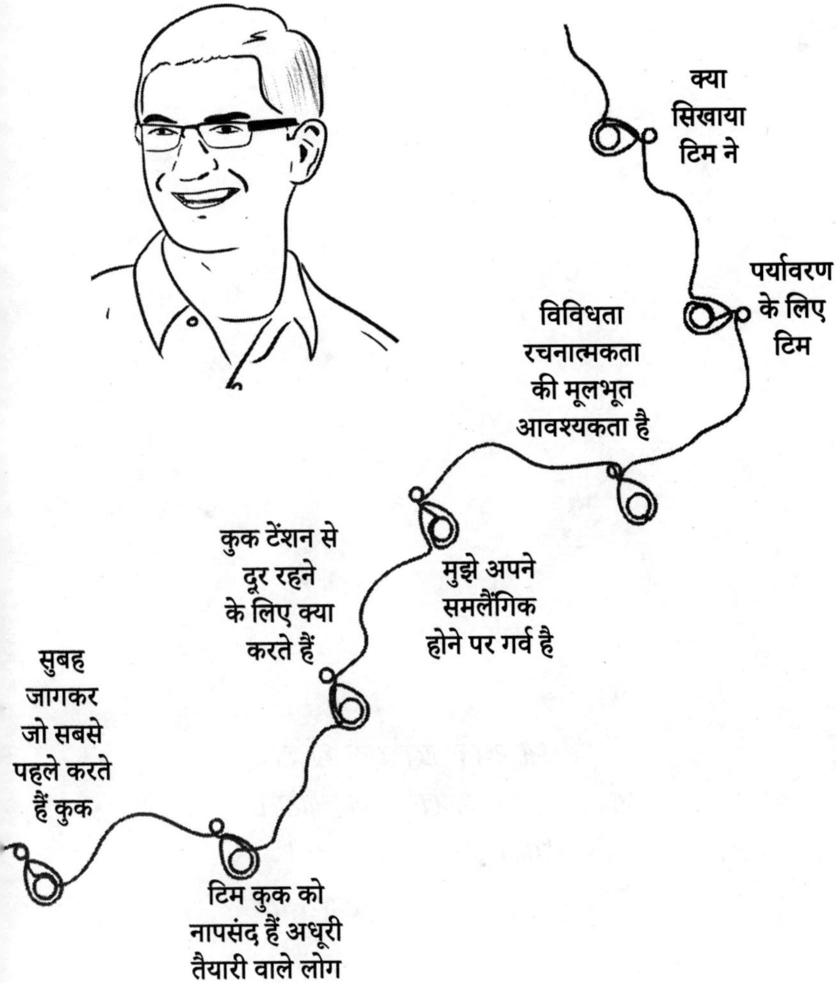

क्या सिखाया टिम ने
पर्यावरण के लिए टिम
विविधता रचनात्मकता की मूलभूत आवश्यकता है
मुझे अपने समलैंगिक होने पर गर्व है
कुक टेंशन से दूर रहने के लिए क्या करते हैं
सुबह जागकर जो सबसे पहले करते हैं कुक
टिम कुक को नापसंद हैं अधूरी तैयारी वाले लोग

"इतिहास रचने वाले आप भी हो सकते हैं। वह आपको होना चाहिए। वह आपको ज़रूर होना चाहिए।"

–टिम कुक

जब भी हम किसी सफल व्यक्ति के अतीत में झाँकते हैं तो हमें एक ऐसी बात नज़र आती है जो तक़रीबन सभी में एक सी है — उनके जीवन में छोटी उम्र से ही एक संघर्ष होता है, चाहे वह पारिवारिक हो या परिस्थितियों के कारण। इन सबके बीच परिस्थितियों को अनुकूल करने की कोशिश, लक्ष्य की ओर बढ़ने का उत्साह, असफलता से सीखते हुए लगातार ख़ुद को कौशल और ज्ञान से भरते जाना और अपार आत्मविश्वास ही वो चीज़ें हैं जो भीड़ और अँधेरे से निकालकर दुनिया के सामने ख़ास बना देती हैं। जब भी हम किसी और के जीवन के बारे में जानने की कोशिश करते हैं तो इसका सीधा मतलब होता है कि हम उससे कुछ सीखना चाहते हैं। इसका अर्थ यह नहीं है कि हम हूबहू उसकी कॉपी बन जाएँ। यह कभी नहीं होता, क्योंकि हर एक व्यक्ति अपने आप में ख़ास होता है। हर व्यक्ति की

परिस्थितियाँ भिन्न होती हैं। उसके कुछ ख़ास गुण होते हैं और दोष भी ख़ास ही होते हैं। तो टिम से सीखने के लिए आगे बढ़ें।

"यात्रा में खुश हैं,
तो लक्ष्य ज्यादा दूर नहीं।"

—टिम कुक

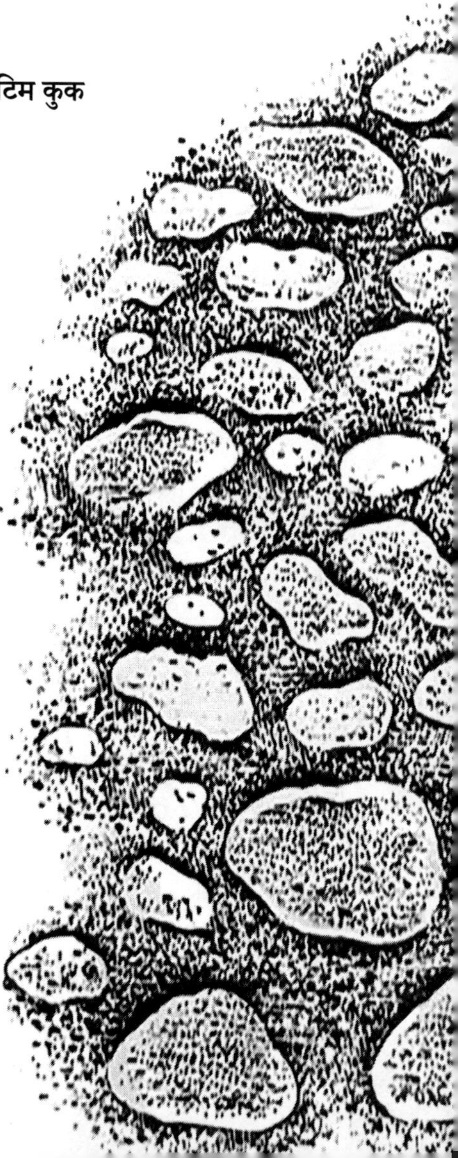

टिम कुक का जीवन किसी भी तरह सामान्य नहीं है। अतः उनसे सीखने के लिए उन्हें क़रीब से जानना होगा। समझना होगा कि वो इतनी बड़ी कम्पनी की ज़िम्मेदारी सम्भालते हुए भी ख़ुद को संयमित कैसे रखते हैं। आप जानते होंगे कि बचपन हमारे जीवन में सबसे अहम रोल अदा करता है। बहुत सी बातें बचपन में ही हमारे अंदर गहरे बस जाती हैं। जो अनजाने में भी व्यक्ति को दिशा देती रहती हैं।

टिम कुक ने अपने माँ-बाप को देखा था और उन्होंने बचपन में ही समझ लिया था कि उन्हें मेहनत तो उन्हीं जितनी करनी है, लेकिन कमाना है उनसे बहुत-बहुत ज़्यादा।

और वो छोटा टिम अब एप्पल कंपनी के सीईओ के रूप में आपके सामने है, 'वन एण्ड ओनली'— टिम कुक!

टिम का बचपन

- जिसके पिता कभी शिपयार्ड पर काम करते थे, जाने वह कितने शिप ख़रीद सकता है
- टिम, जो गुर्बत में अख़बार बेचते थे
- कमाई भी, पढ़ाई भी

यह कहानी शुरू होती है 1 नवम्बर, 1960 में अमेरिका के राबर्ट्सडेल में स्थित अल्बामा के *मोबाइल सिटी* से। *आप इस नाम से थोड़े असमंजस में हैं, है न? यह दक्षिणी अमेरिका के अलाबामा राज्य का छोटा-सा शहर है। इस जगह को यह नाम यहाँ रहने वाले मोबाइल आदिवासियों के नाम से मिला। लेकिन मज़ेदार बात यह है कि मोबाइल जगत का बादशाह मोबाइल शहर में पैदा हुआ!* तो मोबाइल के बादशाह का जन्म इसी मोबाइल सिटी में डॉनल्ड कुक और गेराल्डिन कुक के घर दूसरे बेटे की तरह हुआ। नाम रखा गया—टिमोथी डॉनल्ड कुक—जिन्हें आज दुनिया टिम के नाम से जानती है। टिम का जन्म एक सामान्य परिवार में हुआ। लेकिन प्रश्न यह है कि टिम के नाम में कुक का क्या मतलब है।

कुक क्या पकाते थे?

कुक सरनेम उन लोगों के लिए आता है जो कभी खाना पकाते थे, रेस्टोरेंट खोलते थे, या इसका प्रबंधन देखते थे। दरअसल यह प्रोफ़ेशन से जुड़ा हुआ सरनेम है, जैसे हमारे यहाँ लुहार, पाल, दलाल आदि सरनेम होते हैं।

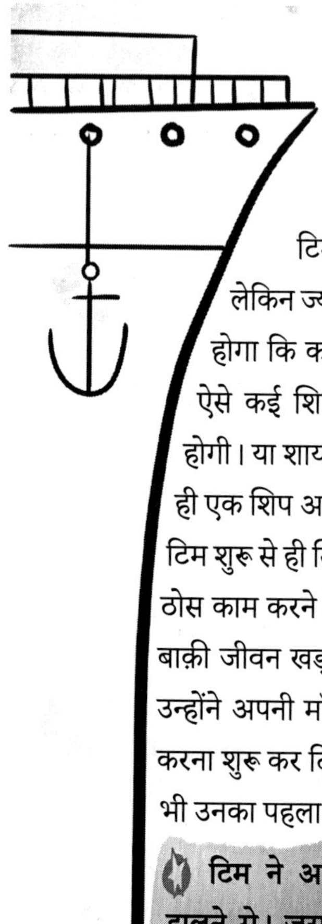

परिवार चलाने के लिए टिम के पिता डॉनल्ड एक शिपयार्ड में काम किया करते थे।

टिम पिता के साथ शिप पर ज़रूर गये होंगे लेकिन ज्यादा संभव है कि तब उन्होंने यह न सोचा होगा कि कभी वो ख़ुद इस क़ाबिल बन जाएँगे कि ऐसे कई शिप ख़रीदना उनके लिए बड़ी बात नहीं होगी। या शायद यह सोचा ही हो कि एक दिन वो ऐसा ही एक शिप अपने पिता के लिए ख़रीदेंगे। या क्या पता टिम शुरू से ही सिर्फ़ कल्पनाएँ करते रहने के बजाय कुछ ठोस काम करने के विश्वासी रहे हों और उसी पर उनका बाक़ी जीवन खड़ा हुआ हो। क्योंकि बहुत छोटी उम्र से उन्होंने अपनी माँ के साथ एक लोकल फ़ार्मेसी में काम करना शुरू कर दिया था। लेकिन यह फ़ार्मेसी वाला काम भी उनका पहला काम नहीं था।

टिम ने अपनी कमाई शुरू की थी—अख़बार डालने से। ज़रा सोचिए अख़बार पहुँचाने वाले टिम को देखकर क्या कोई इस बात का अंदाज़ा लगा पाता कि एक दिन दुनिया का हर अख़बार इस लड़के का इंटरव्यू पाना चाहेगा।

यह तो स्थापित बात है कि कोई भी काम छोटा या बड़ा नहीं होता। लेकिन यही समझ लेना पर्याप्त नहीं है। दरअसल, इसके पीछे की लगन ही वह चीज़ है जो उस काम को भी उल्लेखनीय बना देती है। अगर किसी

काम को पूरी शिद्दत से किया जाए तो सफलता ख़ुद चलकर क़रीब आ जाती है। शुरुआत में शायद टिम को भी यह अंदाज़ा नहीं रहा होगा कि वो अपने जीवन में कौन-सा मुक़ाम हासिल करेंगे। मगर कहीं न कहीं टिम के मन में यह बात ज़रूर रही होगी कि वो जो भी आज कर रहे हैं, उसी से कल बनेगा। टिम इस बात को बार-बार कहते हैं कि *कल के बारे में सोचते रहने से अच्छा है कि अपना पूरा ध्यान आज पर लगाया जाए, इसी आज से कल बनता है।* और कल आएगा ही ये निश्चित भी नहीं है, जीवन क्षणभंगुर है। कब क्या हो किसी को नहीं पता, इसलिए ये ज़रूरी है कि आज हम जो कुछ कर सकते हैं, उसे ज़रूर करें। शायद यह विचार ही टिम की निरंतर सक्रियता का कारण बना हो।

कमाई भी, पढ़ाई भी

टिम कुक ने ऑबर्न यूनिवर्सिटी से अपना ग्रेजुएशन पूरा किया और उसके बाद IBM के साथ काम करने लगे। IBM के साथ उन्होंने 12 साल तक काम किया। इस बीच वो नॉर्थ अमेरिकन फुलफिलमेंट के डायरेक्टर भी रहे। इस दौरान कुक ने ड्यूक यूनिवर्सिटी के प्रतिष्ठित फुकुआ स्कूल ऑफ़ बिज़नेस से MBA की पढ़ाई भी कर ली। सबसे महत्त्वपूर्ण था IBM में कुक के अनुभव, जो उनकी आगे की ज़िन्दगी में सबसे काम की चीज़ साबित होने वाली थी। कुक ने 12 साल IBM में काम किया और उसके बाद वह 'कॉम्पैक' के साथ जुड़ गए। सन 1997 में वह कॉम्पैक के कॉर्पोरेट मैटेरियल्स के वाईस प्रेसिडेंट बने। इसके 6 महीने के बाद ही स्टीव जॉब्स ने उन्हें एप्पल में शामिल कर लिया।

कहानी एप्पल से जुड़ने की

- ख़स्ताहाल कंपनी को फिर से खड़ा कर दिया
- स्टीव जॉब्स को ज़रूरत थी टिम कुक की

आज अगर कोई टिम कुक का नाम लेता है तो सबसे पहले ज़ेहन में एप्पल ही का ध्यान आता है। 'एप्पल' को टिम कुक ने जिस शिखर तक पहुँचाया है उसकी चर्चा होगी ही लेकिन एप्पल तक टिम पहुँचे कैसे और एप्पल से पहले वह जिस कंपनी में काम कर रहे थे, वहाँ उनकी क्या ज़िम्मेदारियाँ थीं।

एप्पल से पहले टिम *कॉम्पैक* में काम कर रहे थे। कॉम्पैक उस समय दुनिया की सबसे बड़ी कंप्यूटर कंपनी थी। और 'कॉम्पैक' में काम करना लोगों का सपना हुआ करता था।

'कॉम्पैक' में कुक कॉर्पोरेट मैटेरियल्स के वाइस प्रेसिडेंट थे। यूँ तो सुनने में ये पोस्ट बहुत बड़ी लग रही है लेकिन उनकी ज़िम्मेदारी सीमित थी। कुक का काम मैन्युफैक्चरिंग और सप्लाई चेन का मैनेजमेंट करना था। कॉम्पैक के उस समय के टेक्निकल और स्ट्रेटेजी के चीफ़—बॉब स्टार्न्स, बताते हैं कि बहुत सीनियर कर्मचारी नहीं थे। वह लैपटॉप को डेवलपमेंट से निकालकर मैन्युफैक्चरिंग वातावरण में ले जाने का काम करते थे। 1990 के दशक में जब कॉम्पैक और डेल व्यापारिक लड़ाईयों में उलझे थे और कॉम्पैक ग्राहकों तक डायरेक्ट पहुँचने में नाकाम सी हो रही थी तब कुक की एहमीयत बढ़ रही थी।

कॉम्पैक संघर्ष कर रही थी एक बेहतर डायरेक्ट बिज़नेस मॉडल बने। कॉम्पैक के शीर्ष अधिकारी बात कर रहे थे कि ये ज़िम्मेदारी किसे दी जाए और इसमें टिम कुक का नाम भी चर्चा में आ रहा था।

स्टीव जॉब्स के एप्पल में बतौर अंतरिम सीईओ वापिस आ जाने के बाद वह किसी ऐसे व्यक्ति की तलाश कर रहे थे जो ऑपरेशन मैनेजमेंट संभाल ले। कुक से पहले उन्होंने कई लोगों के इंटरव्यू भी लिए, लेकिन स्टीव को कोई भी पसंद नहीं आया। स्टीव ने 'कॉम्पैक' के भी एक एग्जीक्यूटिव का इंटरव्यू लिया था, लेकिन पाँच मिनट की मीटिंग के बाद ही स्टीव समझ चुके थे कि यह उनके काम का आदमी नहीं है। स्टीव ने एग्जीक्यूटिव रेक्रुइटर जॉन डेवाइन से बात की और बातचीत में एक नाम उभर का आया, वह नाम था— टिम कुक।

डेवाइन जब कुक को लेने के लिए एअरपोर्ट जा रहे थे तो बीच में स्टीव का कॉल आ गया। दोनों में बहुत सी बातें हुईं कि कौन से सवाल पूछे जाने चाहिए और कुक की रुचि किन चीज़ों में है और उनकी पर्सनालिटी किस प्रकार की है।

डेवाइन ने जॉब्स को बताया कि कुक को साइकिल चलाना बेहद पसंद है। डेवाइन ने कहा, "मैं कह रहा हूँ न... मुझे लगता है कि आपको वो पसंद आएँगे।"

डेवाइन कुक को पालो आल्टो, कैलिफ़ोर्निया के पास एक ऑफिस लेकर गए। स्टीव का घर भी इसी एरिया में था। इस ऑफिस में अक्सर एप्पल की मीटिंग हुआ करती थीं। ये अक्सर तब होता था जब स्टीव कंपनी हेडक्वार्टर में नहीं होते थे। स्टीव और कुक ने आपस में बातचीत की और डेवाइन दूसरे कमरे में बैठे हुए दोनों की बातें सुनते रहे। डेवाइन के मुताबिक़ स्टीव को कुक का व्यवहार बहुत पसंद आया। स्टीव जॉब्स

को लगा कि ये व्यक्ति इतना व्यवस्थित और जूझारू होने के साथ फ़ोकस्ड भी है। डेवाइन का मानना है कि स्टीव तो उस मीटिंग के दौरान ही ये तय कर चुके थे कि वह कुक को अपनी कंपनी में लाएंगे। लेकिन कुक इस पर क्या फ़ैसला लेंगे यह बहुत अहम बात थी, जिस पर अभी संशय था।

स्टीव ने जब देखा कि कुक उनकी जॉब के लिए फ़िट हैं तो उन्होंने उन्हें ये बताया कि उन्हें एप्पल के साथ जुड़ने से क्या फ़ायदे हैं। स्टीव ने कुक को अपनी महत्वपूर्ण स्ट्रेटेजी का कुछ हिस्सा बताया। और कुक को इस बात का कायल कर लिया कि आने वाले दौर में एप्पल काफ़ी ऊँचाई देखने वाली है। *टिम, जो कि पहले कॉम्पैक छोड़ने के लिए बिल्कुल तैयार नहीं थे, सोच में पड़ गये।*

"क्या आप उस तालाब में कंकड़ बनना चाहते हैं जो परिवर्तन के लिए लहर बनाता है।"

–टिम कुक

एप्पल का एक इतिहास है

- शानदार शुरुआत के बाद भी क्यों अटकने लगी थी एप्पल
- लकी साबित हुआ मैकिंटोस, जिसे प्रोग्रामिंग लैंग्वेज के बिना बेचा गया था

आज के दौर में 'एप्पल' प्रतिष्ठा का एक पैमाना बन चुका है। अगर आपके पास एप्पल का आई-फ़ोन है और किसी की नज़र उस आधे कटे सेब वाले लोगो पर पड़े तो एक अलग-सा फ़ील आता है।

यह सब उस दौर में है जब तमाम महँगे फोन बनाने वाली दूसरी कंपनियाँ हैं, लेकिन जो बात एप्पल में है, वह किसी और में नहीं। कुछ ऐसा ही हाल है 'एप्पल' के दूसरे प्रोडक्ट्स का। 'एप्पल' ने सिर्फ़ एक कंपनी के बतौर अपने आपको स्थापित नहीं किया, बल्कि ख़ुद को लोगों का चहेता ब्रांड बना दिया। और पिछले कुछ सालों में एप्पल ने जो बढ़त बनाई है उसके पीछे यूँ तो बहुत लोगों का नाम है, लेकिन 'टिम कुक' का नाम इन सबमें सबसे ऊपरी पायदान पर आएगा।

एप्पल की स्थापना स्टीव जॉब्स, स्टीव वोज़्निएक और रोनाल्ड वेन ने सन् 1976 में की। ऐसा माना जाता है कि कंपनी का पहला प्रोडक्ट 'एप्पल-।' स्टीव वोज़्निएक द्वारा डिज़ाइन किया गया था।

1976 में शुरू होने के बाद कंपनी ने तेज़ी से बाज़ार में अपने पैर जमाने का प्रयास किया। कोशिश ये थी कि माइक्रोसॉफ्ट और IBM जैसी कंपनियों से मुक़ाबला किया जाए। तकनीकी बदलाव को समझते हुए स्टीव जॉब्स और उनके साथियों ने बहुत से अहम फ़ैसले किए।

मुश्किल प्रतिस्पर्धा को पार करते हुए एप्पल ने बाज़ार में अपना एक विशेष नाम कर लिया।

मैकिंटोश को शुरू के दौर में शानदार कामयाबी मिली लेकिन बाद में इसकी बिक्री कमज़ोर पड़ने लगी। इसका कारण यह था कि इसकी क़ीमत अधिक थी। इस दौर में एप्पल के मुख्य लोगों के बीच अंदरूनी मामले भी कुछ चल रहे थे। आने वाले कुछ सालों में एप्पल की पकड़ कमज़ोर होती गई। उसके कई नए प्रोडक्ट्स बाज़ार में कामयाबी हासिल नहीं कर पाए। जानकार मानते हैं कि एप्पल के लिए 90 का शुरूआती दशक अच्छा नहीं था और ऐसा लग रहा था कि कंपनी पतन की ओर बढ़ रही है।

स्टीव और टिम का भविष्य एप्पल का भविष्य था

- जब एप्पल लुढ़क रही थी।
- एक ढहती कंपनी ज्वाइन करने का क्या मतलब!
- स्टीव ने जिस कंप्यूटर का मॉडल रखा उसे टिम ने सोचा भी नहीं था।
- तार्किक दिमाग सामान्यतः झुण्ड की तरफ़ खींचता है।

एप्पल बाज़ार में तेज़ी से नीचे जा रही थी। और इस सब से स्टीव जॉब्स चिंतित थे।

स्टीव अपनी कंपनी की स्थिति से परेशान थे और चाहते थे कि कोई ऐसा साथी मिले जो उनकी तरह सोचता भी हो और तकनीकी सक्षमता भी रखता हो। यही वह वक़्त था जब उनके मन में यह ख़याल आया कि टिम कुक को लाया जाए। उन्होंने महसूस किया कि अगर टिम एप्पल में आ जाएँ तो बात बन सकती है। *टिम कुक उस समय 'कॉम्पैक' में काम कर रहे थे जो उस समय की बहुत नामी कंपनी थी। 'कॉम्पैक' दुनिया की सबसे बड़ी पर्सनल कंप्यूटर कंपनी मानी जाती थी और तब ऐसा लग रहा था कि 'कॉम्पैक' अपनी बादशाहत क़ायम रखेगी।*

कुक इसके पहले IBM में काम कर चुके थे। वो टिम के अनुभवों और तकनीकी समझ से स्टीव जॉब्स बहुत प्रभावित थे। उन्होंने तय किया कि वह कुक से बात करेंगे। 'एप्पल' लगातार कुक को अपनी कंपनी में लाने की कोशिश कर रही थी और कुक 'कॉम्पैक' में संतुष्ट लग रहे थे। दुनिया की सबसे बड़ी कंप्यूटर कंपनी 'कॉम्पैक' छोड़ने के लिए उनके पास कोई बहुत बड़ा कारण नहीं था। हालाँकि 'एप्पल' की ओर से कोशिशें लगातार हो रही थीं। ऐसा लग रहा था कि 'एप्पल' किसी भी हाल में कुक को अपनी कंपनी में लाना चाहती है।

कुक ने इस बारे में बहुत सोचा और आख़िर नतीजे पर पहुँचे कि 'कॉम्पैक' छोड़ना न छोड़ना एक और बात है लेकिन स्टीव जॉब्स अगर

मिलना चाहते हैं तो उनसे मिलने में तो कोई परेशानी है नहीं। इसलिए उन्होंने स्टीव जॉब्स से मिलने को लेकर हामी भर दी।

उन्होंने बताया कि जब उनकी स्टीव जॉब्स से पहली मुलाक़ात हुई तो जॉब्स ने एप्पल की पूरी स्ट्रेटेजी और उद्देश्य को समझाया। जॉब्स ने बेहद विस्तार से कुक को उस प्रोडक्ट के बारे में बताया जो भविष्य को हिला देने वाला था। कुक को जॉब्स ने कंप्यूटर के उस डिज़ाइन के बारे में बताया जिसे दुनिया ने कभी देखा भी नहीं था और शायद सोचा भी नहीं था।

मीटिंग में स्टीव जॉब्स ने सब कुछ विस्तार से बताया। कुक के दिमाग़ में बहुत से सवाल आने लगे। हालाँकि कुक 'कॉम्पैक' में खुश थे, लेकिन जॉब्स के साथ उनकी मीटिंग ने उन्हें वाक़ई सोचने पर मजबूर कर दिया। कुक ने रोज़ को दिए अपने इंटरव्यू में बताया कि *हालाँकि उन्होंने इस डिज़ाइन के बारे में बहुत कम बताया था लेकिन उन्होंने जितना बताया उसके बाद मेरा मन उससे निकल नहीं पाया।*

कुक ने सोचा कि जॉब्स के साथ काम करना शानदार अनुभव होगा। उस समय भले ही 'एप्पल' बाज़ार में संघर्ष कर रही थी लेकिन इसकी इज़्ज़त तो बाज़ार में थी ही। उस समय भी स्टीव जॉब्स को सिलिकॉन वैली का लीजेंड माना जाता था।

इस तरह की तमाम बातें कुक के दिमाग़ में घूम रही थीं। *कुक कहते हैं कि मैं जब रैशनल होकर सोचता था तो लगता था कि कॉम्पैक में रहना ही सही है। और वे सभी लोग जो मेरा भला सोचते थे, यही कहते थे कि मुझे कॉम्पैक में ही रहना चाहिए। कुक बताते हैं कि उस समय एक सीईओ ने भी उन्हें 'कॉम्पैक' छोड़ने के ख़िलाफ़ सलाह दी थी। कुक बताते हैं कि उन्होंने कहा था–'एप्पल' के लिए 'कॉम्पैक' को छोड़ना बेवक़ूफ़ी होगी।*

ये वह दौर है जब बहुत कम लोग एप्पल में काम करना चाहते थे। इस दौर में एप्पल लगभग दीवालिया हो चुकी थी और इसके कर्मचारियों के अन्दर कोई हौसला नज़र ही नहीं आता था।

तकनीकी फ़ील्ड और बाज़ार के जानकार एप्पल को एक नाकामयाब कंपनी कहने लगे थे। एप्पल एक ऐसा कारख़ाना बन चुका था जहाँ कोई काम ही नहीं करना चाहता था। एप्पल को देखने से लगता था कि यहाँ झंझट ही झंझट हैं।

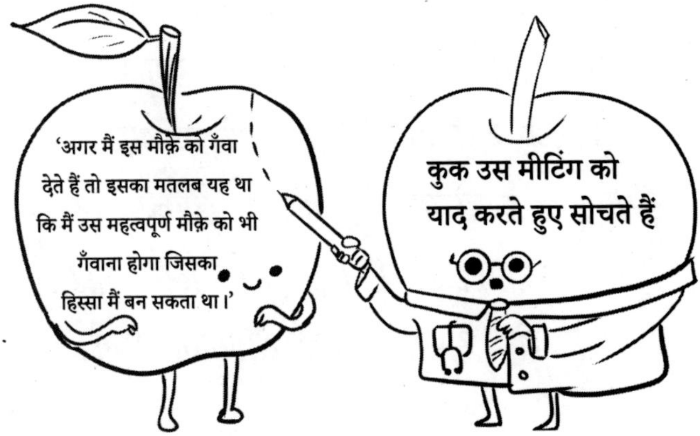

कुक कहते हैं कि उन्हें ख़ुद भी इस तरह के विचार आ रहे थे कि एप्पल में काम करना मुश्किलों से गुजरना होगा। उनके मन में कुछ बड़ी चिंताएं थीं। लेकिन उनके उसी मन में ये विचार भी मज़बूती से बैठ चूका था कि वह दिल से 'एप्पल' में जाना चाहते हैं, और स्टीव जॉब्स के साथ काम करना चाहते हैं।

कुक ने बहुत सोचा और उनके मन में यह बात मजबूत होती गई। कुक कहते हैं कि अधिकतर लोग यही सलाह दे रहे थे कि मैं कॉम्पैक में रहूँ। परन्तु कुक उन लोगों में से नहीं हैं जो झुण्ड को फॉलो करते हैं। वह कहते हैं," *मैंने हमेशा सोचा था कि झुंड का पीछा करना अच्छी बात नहीं है, यह तो एक ख़राब बात है।"*

हालाँकि कुक ने देखा कि एप्पल किन मुश्किलों से गुज़र रही है। लेकिन वो कहते हैं –

'मैंने सोचा, अगर मैं एप्पल को इन मुश्किलों से निकाल पाता हूँ तो ये शानदार होगा। बस इसी समय, मैंने सोचा कि मैं ये करूँगा ... इसका कोई सेन्स नहीं बनता, लेकिन मेरे मन से ये आवाज़ आयी कि इसके लिए जाओ। और मैंने अपने मन की आवाज़ सुनी।'

टिम कुक

सीनियर वाइस-प्रेसिडेंट

(वर्ल्डवाइड ऑपरेशन्स)

इस समय कुक महज़ 37 साल के थे। उनकी बेस सैलरी $400,000 तय हुई। और साइनिंग बोनस $500,000 का तय हुआ। जॉब्स ने इस सिलसिले में अपने आत्मकथा लेखक **'वाल्टर इसाकसन'** को भी अहम बातें बताई थीं। जॉब्स ने कहा था कि कुक और उनका उद्देश्य एक ही है। जॉब्स ने कुक के बारे में कहा कि हम हाई स्ट्रेटेजिक लेवल पर बात कर सकते थे।

जॉब्स ने तो यहाँ तक कहा कि 'अगर कुक उनके साथ न आए होते तो बहुत सी चीज़ें तो मैं बस भूल ही जाता।'

एप्पल : क्या से क्या

- एप्पल के लुढ़कने का कारण क्या था?
- 'एप्पल' की फैक्ट्रियों को टिम ने कह दिया था "तबेला!"
- वेयरहाउस में जमा रखने का क्या फ़ायदा?

अक्सर इस बारे में बहस चलती है कि आख़िर वह क्या बात थी जिस वजह से स्टीव जॉब्स और दूसरे क़ाबिल लोगों के बावजूद एप्पल कंपनी 90 के दशक में बुरी तरह पिछड़ रही थी।

हाल ये था कि कई लोगों ने मान लिया था कि अब इस कंपनी को कोई ठीक नहीं कर सकेगा। असल में तब भी कंपनी के पास शानदार आइडियाज़ थे लेकिन बाज़ार के हिसाब से कंपनी समन्वय नहीं बिठा पा रही थी। कुछ तो ऐसी कमी थी जिसे तब की 'एप्पल' के लोग समझ नहीं पा रहे थे। स्टीव जॉब्स सन 1997 में कंपनी में फिर से शामिल हुए थे। स्टीव जॉब्स ने अपने साथियों के साथ मिलकर कई तरह की स्ट्रेटेजी पर काम किया। कोशिश थी कि कंपनी बाज़ार से समन्वय बिठा पाए, लेकिन हर कोशिश नाकाम हो रही थी।

कुछ ही समय में स्टीव को एहसास हो गया कि कंपनी को अब किसी और की ज़रूरत है। उन्हें अंदाज़ा हो गया था कि उनकी कंपनी में भले ही बहुत होशियार लोग मौजूद हों, लेकिन ऐसा एक भी व्यक्ति कंपनी में नहीं है जो सबको ठीक से एक दिशा में लगा सके। एक ऐसा व्यक्ति कंपनी को चाहिए जिसमें तकनीकी समझ के साथ बाज़ार का ज्ञान भी हो। स्टीव के कार्यकाल में अधिकतर लाइमलाइट स्टीव को ही मिली लेकिन ये सब टिम के प्रयासों के बिना असंभव था।

कुक ने कंपनी की सप्लाई चेन को ठीक और स्टोरेज को गैरज़रूरी बताया। क्योंकि एप्पल के प्रोडक्ट्स को बाज़ार में तभी होना चाहिए, जबकि वे फ्रेश हों। उन्हें स्टोर रूम में जमा करने का कोई फ़ायदा नहीं है। कुक ने स्टीव समेत कंपनी के हर अधिकारी को ये बात समझा दी कि जो भी तकनीक या नया प्रोडक्ट एप्पल लेकर आती है उसे तुरंत ही बाज़ार में जाना चाहिए, न कि महीनों तक अपने स्टोरेज में रखने के बाद।

स्टीव को कुक की ये सोच पसंद आयी। कुक और स्टीव दोनों जानते थे कि ऐसा तभी मुमकिन है जब सप्लाई चेन अच्छी हो। कुक ने अपनी पूरी क्षमता से इस पर काम किया। स्टीव ने कुक के काम को देखकर मान लिया कि अब कंपनी को आगे जाने से कोई नहीं रोक सकता। ध्यान देने की बात ये भी है कि कुक ने ये सब तब किया जबकि एप्पल के मैनेजमेंट में सब कुछ ठीक नहीं चल रहा था। बहुत से लोग उनकी बातों को पसंद नहीं करते थे लेकिन कुक ने ठान लिया था कि वो वही करेंगे जो कंपनी के लिए ज़रूरी है।

कुक ने बतौर सीनियर वाइस प्रेसिडेंट वर्ल्डवाइड ऑपरेशन्स कम्पनी को ज्वाइन किया। कुक ने जब देखा कि कंपनी की वित्तीय स्थिति गड़बड़ है। साथ ही बहुत कुछ ऐसा है जिसको ठीक किया जाना है। तो उन्होंने तय किया कि वह खुले दिल से काम करेंगे। कुक ने एप्पल का काम संभालते ही कुछ अहम निर्णय लिये :

उन्होंने बहुत सी फैक्ट्रियों और वेयरहाउसों को बंद करवा दिये। इसके बदले कॉन्ट्रैक्ट मैन्युफैक्चरर रखे। मतलब कि अब फैक्ट्रियों और वेयरहाउसों की ज़िम्मेदारी से कंपनी आज़ाद हुई और कॉन्ट्रैक्ट पर सामान बनाने वालों से बात की गई। इससे एक फ़ायदा तो यह हुआ कि कंपनी की स्टोरेज की लागत बचने लगी और दूसरा

देखरेख का काम भी कम हो गया। अब कंपनी दूसरे अहम मसलों पर ध्यान दे सकती थी।

कुक के काम संभालने के बाद स्टीव जॉब्स को वह अहम साथी मिल गया, जिसके बिना उनकी कंपनी अधूरी-सी थी। कुक के सहयोग से जॉब्स के नेतृत्व में एप्पल ने नई ऊँचाइयाँ छूनी शुरू कर दी।

एप्पल ने कुक के आते ही कई नई-नई चीज़ें करना शुरू किया। कुक के आने के बाद ही एप्पल ने अपने रिटेल स्टोर खोलना शुरू किये।

फ़्लैश मेमोरी की एहमीयत को समझकर एप्पल ने इसमें निवेश किया जिसकी वजह से iPod Nano, iPhone और iPad ने कामयाबी हासिल की। एप्पल से जुड़े लोग बताते हैं कि कंपनी पहले जिन बातों को इग्नोर कर रही थी, कुक के आने से उन पर विचार किया जाने लगा।

एक अहम मुद्दा लागत और लाभ का था। कुक ने कंपनी का ध्यान लागत कण्ट्रोल करने में लगाया। इसके लिए ज़रूरी क़दम उठाने शुरू किए। धीरे-धीरे लागत कम होने लगी और लाभ बढ़ने लगा।

यह सम्बन्ध बहुत कुछ कहता है

- दोस्त और आइडियल स्टीव को कैंसर
- स्टीव जॉब्स को बचाने के लिए कुक यह करना चाहते थे

जहाँ एक तरफ़ 'एप्पल' आगे बढ़ रही थी वहीं स्टीव और टिम कुक की दोस्ती भी गाढ़ी हो रही थी। **अक्टूबर 2003 शायद अच्छा समय नहीं था, ये वह समय था जब स्टीव जॉब्स को डॉक्टरों ने बताया कि उन्हें कैंसर है।** यह एक ऐसा कैंसर था जिसमें इलाज की संभावनाएँ लगभग नामुमकिन सी थीं। स्टीव ने 2004 में सबको ये बात बताई। और साथ ही ये भी बताया कि ये आइलेट सेल नयूरोएंडोक्राइन ट्यूमर है। जोकि बेहद कम लोगों में होता है। लेकिन यह बहुत संक्रामक भी नहीं है। स्टीव की बिगड़ती सेहत से टिम की ज़िम्मेदारियाँ और बढ़ गयीं। टिम के क़रीबी जानते हैं कि इन दिनों में टिम कितने परेशान रहते थे। उन्हें अपने प्यारे दोस्त स्टीव की फ़िक्र थी और साथ ही उसके द्वारा बनायी गयी कंपनी को भी बचाना था।

स्टीव की अनुपस्थिति में टिम कुक वर्ल्डवाइड सेल्स और ऑपरेशन्स के हेड हो गए और कंपनी की पूरी ज़िम्मेदारी संभालने लगे। स्टीव ने सर्जरी कराई और लगा कि सब ठीक हो गया लेकिन कैंसर वापस लौट आया। जनवरी 2006 में ये बात बस स्टीव की पत्नी, उनके डॉक्टर्स और कुछ क़रीबी लोगों को ही पता थी कि स्टीव की सेहत फिर ख़राब हो रही है। जनवरी 2007 में कुक को ऑपरेशन्स की ज़िम्मेदारी भी दी गई और 2009 में वह चीफ़ एग्जीक्यूटिव बन गए। स्टीव इस बीच अपनी सेहत के चलते छुट्टी पर थे।

14 जनवरी, 2009 को स्टीव ने एप्पल के इंटरनल मेमो में कहा कि पिछले हफ़्ते उन्हें एहसास हुआ कि उनकी सेहत कुछ ज़्यादा ही ख़राब है। उन्होंने 6 महीने की छुट्टी ले ली। इसके बाद ***टिम कुक ने एप्पल के सीईओ का कार्यभार संभाला और बड़े रणनीतिक***

फ़ैसले लेने लगे। स्टीव की अनुपस्थिति में टिम कुक ने कंपनी की पूरी ज़िम्मेदारी अच्छी तरह और पूरी ईमानदारी से निभाई।

इसी साल जब जॉब्स की सेहत और बिगड़ने लगी और उन्हें लीवर डोनेशन की ज़रूरत थी तो टिम कुक आगे आए।

*कुक और स्टीव दोनों का ब्लड टाइप एक ही था और ये कुछ ऐसा था कि सब में ऐसा नहीं होता। इसलिए कुक चाहते थे कि वह स्टीव के लिए लीवर डोनेट कर दें लेकिन स्टीव ने जैसे ही ये बात सुनी वह चिल्लाने लगे—**"मैं ये कभी नहीं करूँगा!! मैं ये कभी नहीं करूँगा!!"***

स्टीव जॉब्स के बाद

- यह ऐसे व्यक्ति का जाना था जिसने तकनीक के क्षेत्र में दुनिया को लंबी छलाँग दी।
- और फिर टिम कुक

स्टीव जॉब्स ने सन 2011 में सीईओ के पद से इस्तीफ़ा दे दिया और एप्पल के चेयरमैन बन गए। कुक को 'एप्पल' का नया सीईओ बनाया गया। 24 अगस्त, 2011 को कुक एप्पल के सीईओ बने। सितम्बर 2011 में फ़ोर्ब्स मैगज़ीन के रोबिन फेर्रकोन ने कुक और स्टीव की साझेदारी की सराहना की और बताया कि कैसे दोनों ने मिलकर इस कंपनी को फ़ेल होने से बचाया। उन्होंने कहा कि इन दोनों के नेतृत्व की वजह से ही ये कंपनी अपने सबसे निचले स्तर से उठी और 100 बिलियन डॉलर पर पहुँच गई। 5 अक्टूबर, 2011 को स्टीव जॉब्स का पैन्क्रिएटिक कैंसर के कारण देहांत हो गया। यह ऐसे व्यक्ति का जाना था जिसने तकनीक के क्षेत्र में दुनिया को लंबी छलाँग दी।

टाइम की सूची में नाम आने के बाद मीडिया में टिम को लेकर अधिक चर्चा होने लगी। हालाँकि कुक मीडिया के सामने कम ही आते हैं और उनका पूरा फ़ोकस अपने काम पर होता है।

अक्टूबर 2012 में कुक ने कंपनी की एग्जीक्यूटिव टीम में कई तरह के बदलाव किए। स्कॉट फ़ोर्सटाल जो अब तक सीनियर वाईस प्रेसिडेंट थे, उन्हें कुक का सलाहकार बनाया गया। हालाँकि 2013 में उन्होंने कंपनी से इस्तीफ़ा दे दिया। रिटेल के वाईस प्रेसिडेंट जॉन ब्रोवेट को कंपनी ने हटा दिया। फ़ोर्सटाल की जगह चार अन्य लोगों को ज़िम्मेदारी दी गई और क्रैग फेदेरिघी को IOS सॉफ्टवेर इंजीनियरिंग का नया हेड बना दिया गया। कुक ने कंपनी में कई और बड़े बदलाव किए।

असल में स्टीव की बीमारी के बाद से ही कंपनी में बहुत से अंदरूनी मामले शुरू हो गए थे। कुक ने जब कंपनी की ज़िम्मेदारी पूरी तरह संभाली तो उन्हें इस बात का अंदाज़ा हो गया कि ये सब उन्हें जल्दी ही ठीक करना होगा।

एक तरफ़ जहाँ कुक इस माहौल को ठीक करना चाहते थे वहीं कुछ पत्रकारों ने यह कहना शुरू कर दिया कि एप्पल में नई खोजें इसीलिए हो पाती थीं क्योंकि यहाँ तनाव और असहमति थी। ऐसा शायद इसलिए कहा गया कि कई बार लोग एक दूसरे को दिखाने के लिए भी अच्छा काम कर जाते हैं।

हालाँकि कुक के ख़याल बिल्कुल अलग थे, वह कंपनी में बेहतरीन और सक्रिय माहौल चाहते थे।

सफल कंपनी
बेहतर दुनिया

- टिम, जो क्लाइमेट चेंज पर सोचते हैं
- संघर्ष: अन्दर भी बाहर भी

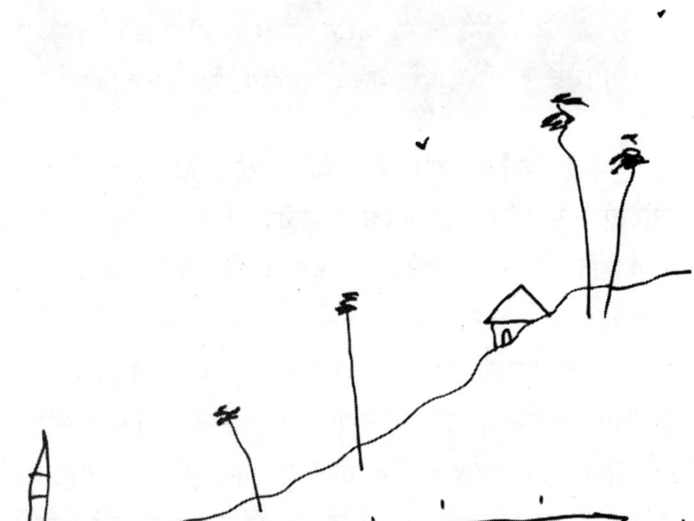

टिम कुक सिर्फ़ कंपनी को लेकर ही नहीं सोचते, वह दुनिया और दुनिया में हो रहे बदलाव को लेकर भी सजग रहते हैं।

28 फ़रवरी, 2014 को उन्होंने एक ऐसी बात कही जिसकी उम्मीद शायद ही किसी कंपनी मालिक से की जा सकती है। उन्होंने अपने ही शेयर धारकों को चुनौती दे दी और कहा कि अगर वे लोग कंपनी के सस्टेनेबिलिटी और क्लाइमेट चेंज के विचार से अलग विचार रखते हैं तो एप्पल के स्टॉक से बाहर निकल जाएँ। उनके इस बयान ने क्लाइमेट चेंज को लेकर चल रही चिंताओं को लेकर लोगों को सजग किया।

जब चीन की सरकार ने एप्पल के ऑनलाइन ITunes स्टोर और एप्पल बुक्स स्टोर को बंद कर दिया।

कुक इस बात को जानते हैं कि वैश्विक राजनीति कई बार कंपनियों और बिज़नेस के लिए हानिकारक भी होती है। ये बात शायद ही किसी से छुपी है कि चीन और अमरीका एक दूसरे के विरोधी हैं। अमरीका और चीन की सरकारें अक्सर किसी न किसी मुद्दे पर आमने सामने रहती हैं। कई बार इस राजनीति का नुक़सान बड़ी कंपनियों को होता है। कुछ ऐसा ही हुआ जब चीन की सरकार ने एप्पल के ऑनलाइन ITunes स्टोर और एप्पल बुक्स स्टोर को बंद कर दिया। कुक को ये ख़बर बिल्कुल पसंद नहीं आयी। उन्होंने तय किया कि वह इसका रास्ता निकालेंगे।

उन्होंने अपने सहयोगियों से बात की कि इसमें क्या किया जा सकता है। कुक ने लगभग हर तरह की कोशिश कर ली। जिसके बाद उन्हें लगा कि बातचीत से कुछ कामयाबी मिल सकती है।

मई, 2016 में वह चीन गए और वहाँ की सरकार के लोगों से मिले। उनके इस फ़ैसले ने बताया कि वह एप्पल के लिए किस तरह काम करते हैं और कोई बोल्ड स्टेप लेने से भी नहीं चूकते। दिसम्बर, 2017 में वह वर्ल्ड इन्टरनेट कांफ्रेंस में बतौर स्पीकर, चीन गए। इसके बाद अक्टूबर 2019 में त्सिंघुआ यूनिवर्सिटी इकोनॉमिक्स स्कूल के एडवाइज़री बोर्ड के चेयरमैन नियुक्त हुए। इन सभी बातों से साफ़ था कि कुक चीन को बहुत अच्छी तरह से देख रहे हैं।

हालाँकि कुक की इन गतिविधियों का विरोध उनके अपने देश अमरीका में ही शुरू हो गया था।

कई रिपब्लिकन सांसदों ने एप्पल के एक विवादित फ़ैसले की आलोचना भी की। दरअसल एप्पल ने अपने एप स्टोर से हाँग काँग के प्रो-डेमोक्रेसी प्रदर्शनों से जुड़े एक एप को हटा दिया था।

इन सांसदों ने आरोप लगाया कि एप्पल सेंसरशिप करती है और चीनी सरकार को ख़ुश करने के लिए ही इस तरह के क़दम उठा रही है। इसके बाद कुक ने लेटर के ज़रिए जवाब दिया कि उन्होंने ऐसा किन कारणों से किया। कुक ने इसके बाद अपना एक जवाब लेटर के ज़रिए दिया और बताया कि हाँग काँग की उस एप को उन्होंने स्टोर से क्यों हटाया।

उस ऐप में ऐसा क्या था?

यह HKmap.live नाम का ऐप है, जो आन्दोलनकारियों और पुलिस का लोकेशन बताता है। इसका उपयोग हाँग काँग के लोग प्रोटेस्ट में इकट्ठे होने और पुलिस से बचने के लिए करते थे।

सन 2016 में कुछ एनालिस्ट ने कुक की कुछ और वजहों से आलोचना की। कुछ एनालिस्ट ने दावा किया कि कुक भी माइक्रोसॉफ्ट के पूर्व सीईओ स्टीव बॉलमर की तरह ही होते जा रहे हैं। जैसे बॉलमर के सीईओ बनने के बाद माइक्रोसॉफ्ट में नई खोजें बंद हो गईं, वैसे ही एप्पल में भी कुक के शीर्ष पर पहुँचने के बाद खोजें बंद हो गई हैं।

आलोचना अपनी जगह, काम अपनी जगह

जब कुक की आलोचनाएँ हो रही थीं तो वह उन पर कोई प्रतिक्रिया नहीं दे रहे थे बल्कि वह एप्पल के लिए कुछ नया कर रहे थे। 2016 में एप्पल ने चीन की बड़ी व्हीकल हायर कंपनी DiDi में 1 अरब डॉलर का निवेश किया। जून 2016 में जब फार्च्यून ने फार्च्यून-500 कंपनीज़ की लिस्ट निकाली तो एप्पल इसमें टॉप टेक कंपनी थी। अप्रैल, 2017 में एप्पल ने क्लिप्स एप लांच कर दिया। इस एप की मदद से शॉर्ट वीडियो को अच्छी तरह से एडिट किया जा सकता था। इतना ही नहीं इस एप में इस तरह के फंक्शन भी थे कि अगर

सोशल मीडिया एप पर आपको डायरेक्ट ही वीडियोस शेयर करना हो तो कर सकते हैं। जून, 2017 में एप्पल ने होमपॉड की घोषणा कर दी। 22 जून, 2020 को टिम कुक ने एलान किया कि मैक का CPU एप्पल सिलिकॉन में बदला जाएगा। इसके पहले इंटेल का X86-64 प्रोसेसर इस्तेमाल में आता रहा है। कुक ने इस लक्ष्य की प्राप्ति के लिए दो साल का समय दिया।

कुक के समय में कंपनी ने बाज़ार में शानदार बढ़त बनाई है। स्टीव ने जिस कंपनी को शिखर तक पहुँचाया था, उस कंपनी को शिखर पर बनाए रखने में कुक ने जो भूमिका निभाई, उसे कई जानकार लाजवाब मानते हैं। एक समय जबकि लग रहा था कि कंपनी मुश्किलों से घिर रही है, तब कुक ने अपनी तकनीकी समझ और कूटनीति से चीज़ों को ठीक किया। उनके कार्यकाल में एप्पल की बाज़ार में साख भी बढ़ी है और कंपनी के शेयर्स ने 1100 फ़ीसदी तक रिटर्न दिया है। कुक ने कंपनी की कमाई को 80 बिलियन डॉलर के पार पहुँचा दिया।

कुक ने 24 अगस्त, 2011 को एप्पल की शीर्ष ज़िम्मेदारी संभाली थी। उस समय की बात करें तो कंपनी का रिवेन्यू 65 अरब डॉलर था। कुक के कार्यकाल में एप्पल ने नई ऊँचाइयों को छुआ। और अब कंपनी का रिवेन्यू 2 लाख करोड़ को पार कर गया। इस बीच एप्पल का मार्केट कैप शानदार तरीक़े से बढ़ा है।

टिम कुक के जीवन से कुछ इत्तेफ़ाक भी जुड़े हुए हैं, जैसे कि 12 साल का चक्कर। वर्जीनिया के जिस एल्यूमिनियम प्लांट की हमने बात की वहाँ 12 साल तक रहने के बाद टिम ने टेक इंडस्ट्री में काम करना शुरू किया। जिसकी शुरुआत IBM से हुई। इत्तेफ़ाक यह रहा कि वो यहाँ भी 12 साल तक ही कार्यरत रहे और बाद में वो एप्पल से जुड़ गए। सन 1998 में जब कुक एप्पल से जुड़े तब वो वहाँ दुनिया भर में कम्पनी के संचालन पर नज़र रखने वाले सीनियर वाइस प्रेज़िडेंट के पद पर नियुक्त हुए। टिम कुक की 12 साल की अवधि के साथ का संयोग ही कहा जा सकता है कि तक़रीबन 12 साल के कार्यकाल के बाद ही उन्हें कम्पनी के CEO पद पर बैठने का मौक़ा मिला है। न 12 का अनोखा इत्तेफ़ाक!

12 का अनोखा इत्तेफ़ाक़

टिम अपने होमटाउन अल्बामा में सुबह अख़बार बेचते थे। और दिन में माँ के साथ एक फ़ार्मेसी में काम करते थे। इसके बाद टिम ने अल्बामा के ही एक पेपर मिल में काम करना शुरू कर दिया। बाद के वर्षों में वो वर्जीनिया के एक एल्यूमिनियम प्लांट में काम करने लगे। वो तक़रीबन 12 साल तक इस काम में रहे। इस दौरान एक अनोखी बात हुई, कम्पनी के अधिकांश स्टाफ़ ने धीरे-धीरे काम छोड़ना शुरू कर दिया। आप अंदाज़ा लगा सकते हैं कि अगर किसी कम्पनी में कोई स्टाफ़ न रहे तो उसका भविष्य क्या होगा? टिम के लिए यह काम उनकी पढ़ाई का हिस्सा था और एक ऐसी परीक्षा की घड़ी थी, जिसने टिम के व्यक्तित्व के ज़रूरी गुणों को उजागर किया, वो गुण थे— ईमानदारी और निष्ठा। टिम की निष्ठा ही थी कि उन्होंने उस समय कम्पनी को छोड़ने की बजाए उसका साथ देने का फ़ैसला किया। उनके लिए ये एक तरह का चैलेंज भी रहा होगा। कुक ने कम्पनी प्रेसीडेंट की मदद की और उनके साथ मिलकर कम्पनी को आगे बढ़ाया। इस घटना ने उन्हें जीवन में नयी व्यापारिक सीख दी।

"अखाड़े के किनारे वह स्थान नहीं है, जहाँ आप अपनी जिंदगी जीना चाहते हैं। दुनिया को इस अखाड़े के अंदर आपकी ज़रूरत है।"

–टिम कुक

पढ़ाई और काम साथ-साथ

टिम कुक दुनिया के आठवें ऐसे CEO हैं, जिनकी कमाई सबसे ज़्यादा है। वैसे टिम कुक ने इसके लिए काफ़ी मेहनत भी की है। यहाँ ज़रा टिम की शिक्षा के बारे में जानकारी लेते चलें। 1978 में टिम ने राबर्ट्सडेल हाई स्कूल से अपना ग्रेजुएशन पूरा किया और अपने क्लास में दूसरा स्थान प्राप्त किया। इसके बाद उन्होंने 1982 में अल्बामा के ऑबर्न विश्वविद्यालय से औद्योगिक इंजीनियरिंग में स्नातक किया। इस समय तक टिम IBM में काम भी करने लगे थे लेकिन बावजूद इसके वो ख़ुद को और ज़्यादा कुशल और निपुण बनाना चाहते थे। यही कारण था कि 1988 में अपने काम के साथ-साथ मास्टर ऑफ़ बिजनेस एडमिनिस्ट्रेशन(MBA) करने के लिए वो

ड्यूक विश्वविद्यालय के फ़ूक़ुआ स्कूल ऑफ़ बिजनेस में दाख़िल हुए। काम के साथ-साथ पढ़ाई करने के बावजूद टिम कुक का प्रदर्शन अपनी पढ़ाई में कैसा था, इसका अन्दाज़ा आप इस बात से लगा सकते हैं कि उन्हें वहाँ 'फ़ूक़ुआ स्कॉलर' का सम्मान मिला। जो बिजनेस स्कूल के दस शीर्षस्थ विद्यार्थियों में से किसी एक को मिलता था।

अब तक हमने टिम कुक के बारे में जो कुछ जाना है उससे इस बात का अंदाज़ा हो जाता है कि परिवार की आर्थिक स्थिति पढ़ाई के लिए बहुत अनुकूल नहीं थी। लेकिन उनकी लगन ने उन्हें प्रोत्साहित किया और उन्हें आगे बढ़ते रहने की प्रेरणा दी। टिम ने अपने एक इंटरव्यू के दौरान शिक्षा के महत्व को स्वीकारते हुए कहा था कि "*हम सभी समान साधनों के साथ नहीं जन्में हैं, लेकिन वो शिक्षा ही है जो हम सभी को समान अवसर दे सकती है।*" यह बात गहरी है क्योंकि उनके अनुभवों से पैदा हुई है। वह शिक्षा को सिर्फ़ क्लास और पाठ्यक्रम तक सीमित नहीं करते। इसे आजीवन चलने वाली प्रक्रिया मानते हैं। *आगे वही बढ़ता है जो अपने हर अनुभव से सीखता है और गलतियों को दुहराता नहीं।* ख़ुद के ज्ञान को लगातार बढ़ाते हुए ही टिम ने यह अलहदा मुक़ाम हासिल किया है।

टिम, जिसे एक ग़लत जाँच रिपोर्ट ने बदल दिया

दुनिया में ऐसे लोगों की भरमार है, जो अपने पास अनुपलब्ध चीज़ों के बारे में घंटों बता सकते हैं। मगर आगे वही बढ़ते हैं, जो अपने पास मौजूद चीज़ों का सही मूल्य जानते हैं।

टिम कुक ने कुछ ऐसा ही किया। टिम ने अपनी प्रतिभा और दिमाग़ को समझा। और उसे सही दिशा में लगाकर काम करते हुए ख़ुद को

कौशल और ज्ञान से भरते गये। दुनिया में सबसे ज़्यादा कमाने वाले CEO में से एक, टिम कुक के लिए, सफलता का पैमाना किसी की कमाई नहीं है। वो कहते हैं:

'आपकी सफलता इस बात से नहीं आँकी जानी चाहिए कि आपने कितना कमाया है। बल्कि इससे आँकी जाएगी कि आपने क्या बनाया है।'

आप ऐसे असंख्य लोगों के बारे में जानते होंगे जो अपनी छोटी-मोटी कमाई का भी दिखावा करते हैं। बड़े आलीशान घर, बड़ी-बड़ी गाड़ियाँ, और फ़िज़ूल खर्ची में ही उनकी शान होती है। सबके मन में अमीर होने का यही सब पैमाना होता है। ऐसे लोग अगर टिम कुक का रहन-सहन देखें तो उन्हें अति सामान्य व्यक्ति समझेंगे। टिम की सादगी को देखकर दिखावापसंद लोग निराश होंगे। टिम चार कमरों के एक सामान्य-से घर में रहते हैं। एक दफ़े किसी पत्रकार को यह जानकर आश्चर्य हुआ। जब उसने यह बात उनसे पुछा तो टिम ने कहा:

'मुझे संग्रहालय पसंद हैं, लेकिन मैं संग्रहालय में रहना नहीं चाहता। मैं अपने घर में उतने ही समान रखना चाहता हूँ, जितने की ज़रूरत हो।'

यह गुण निश्चय ही उन्हें उनके माता-पिता से मिला होगा। क्योंकि इतने अमीर बेटे के माता-पिता होते हुए भी उनके माता-पिता अब भी अपने पुराने घर में ही रहते हैं। और वही सामान्य जीवन जीते हैं। टिम कुक भी अपनी उस आर्थिक स्थिति को नहीं भूलना चाहते जिसमें उनका पालन-पोषण हुआ था। वो बार-बार कहते हैं कि उन्हें उनकी आर्थिक सफलता कभी प्रेरित नहीं करती। किसी महान आदमी को आर्थिक

सफ़लता प्रेरित कर भी नहीं सकती। ऐसे लोग पैसों के बारे में नहीं बल्कि लगातार कुछ नया करने के बारे में सोचते हैं।

टिम मार्टिन लूथर किंग के प्रशंसक हैं। उनके अनेक विचारों से प्रभावित हैं। उसमें मार्टिन लूथर की सबसे गहरी बात, जिसे टिम ने अपने ट्विटर बायो में लिखा है:

"जीवन का सबसे ज़रूरी और लगातार पूछा जाने वाला सवाल ये है कि आप दूसरों के लिए क्या कर रहे हैं?"

शायद मार्टिन लूथर किंग के इस विचार ने ही टिम को दूसरों के लिए कुछ न कुछ करते रहने के लिए प्रेरित किया हो। लेकिन वास्तविकता देखेंगे तो पता चलेगा कि यह वाक्य तो टिम का अपने अनुभवों को कहने का जरिया है। दरअसल टिम अपने ही एक हौलनाक जीवन-अनुभव से प्रेरित हुए।

टिम जब 36 साल के थे तो उस समय कुछ परेशानियों के चलते उन्हें अपने स्वास्थ्य की जाँच करवानी पड़ी। इस जाँच में ग़लती से उन्हें बता दिया गया कि आपको मल्टीपल स्केलेरोसिस है! यह ऐसी बीमारी है जो लोगों का जीवन तबाह कर देती है। लेकिन कुक को इसने बहुत सकारात्मक ढंग से बदलकर जीवन से जोड़ दिया।

जैसे ही उन्हें ये पता चला कि वो इस बीमारी से पीड़ित हैं, उन्होंने अपने जीवन पर गहराई से सोचना शुरू किया। वो अपने स्वास्थ्य को लेकर सजग हो गए। और उसके बाद से वो रोज़ाना अपने व्यायाम के लिए एक निश्चित समय देते हैं। इसमें साइक्लिंग, हाइकिंग और जिम वर्क-आउट आदि शामिल है।

बाद में जाँच से पता चला कि उन्हें कोई बीमारी ही नहीं थी!

ज़िन्दगी के सार्वभौम सच का सामना

बाद में जब टिम को ये पता चला कि उन्हें मल्टीपल स्केलेरोसिस नहीं है तो उनके जीने और दुनिया को देखने का नज़रिया ही बदल गया। उन्हें यह पता चला कि इस तरह की बीमारियों से ग्रसित लोगों के लिए जीवन कितना मुश्किल होता होगा। इस घटना ने उन्हें बदल दिया। टिम कहते हैं कि उन्होंने इसके बाद चैरिटी करना शुरू कर दिया। ख़ासकर मल्टीपल स्केलेरोसिस से पीड़ित व्यक्तियों के लिए टिम ने काफ़ी काम

किया। उन्होंने कई ऐसे कार्यक्रमों में भी हिस्सा लेना शुरू किया जिनके लिए समय निकालना उनके व्यस्त जीवन में असम्भव-सा लगता है। वो कई बार इस तरह की चैरिटी के लिए बाइक रेस में भी भाग लेते हैं। वहीं उन्होंने दो दिन के एक साइक्लिंग इवेंट में भी हिस्सा लिया था ताकि मल्टीपल स्केलेरोसिस से पीड़ित लोगों के लिए ज़्यादा से ज़्यादा पैसे इकट्ठा कर सकें। वो स्वयं तो चैरिटी करते ही हैं, साथ ही जब से वो एप्पल को लीड कर रहे हैं, तब से कम्पनी की ओर से की जाने वाली चैरिटी में भी बढ़ोतरी हुई है।

सामान्यतः यह होता है कि किसी व्यक्ति को ये पता चले कि उसे कोई गंभीर बीमारी है तो उसका सारा आत्मविश्वास ही टूट जाता है। लेकिन *कुछ लोग ख़ास होते हैं, वो नकारात्मक को भी सकारात्मक नज़रिये से जीते हैं। टिम ऐसे ही अलहदा व्यक्ति है। अपनी कमज़ोरियों को ताक़त बनाने का जज़्बा ही है जो टिम कुक को एक मिसाल बना देती है।* बीमारी की ग़लत सूचना ने भी टिम को प्रोत्साहित किया कि वो अपनी फ़िटनेस को लेकर ज़्यादा जागरूक हो जाएँ। टिम फ़िटनेस के ऐसे दीवाने हो गए कि उन्हें साइक्लिंग, हाइकिंग और रॉक क्लिम्बिंग का शौक़ हो गया। जिसे वो अपने फ़्री टाइम में करना चाहते हैं।

साइक्लिंग का तो उन्हें ऐसा चस्का है कि वो रोज़ाना सिर्फ़ जिम ही नहीं जाते बल्कि साइक्लिंग भी करते हैं। आपको शायद ये जानकर आश्चर्य हो कि टिम कुक के एप्पल में काम मिलने में उनकी साइक्लिंग की बड़ी भूमिका है।

"यदि आप मानते हैं कि आप असीम चीजें कर सकते हैं तो आप ब्रह्मांड में अपनी झंकार लगा सकते हैं। आप दुनिया को बदल सकते हैं।"

–टिम कुक

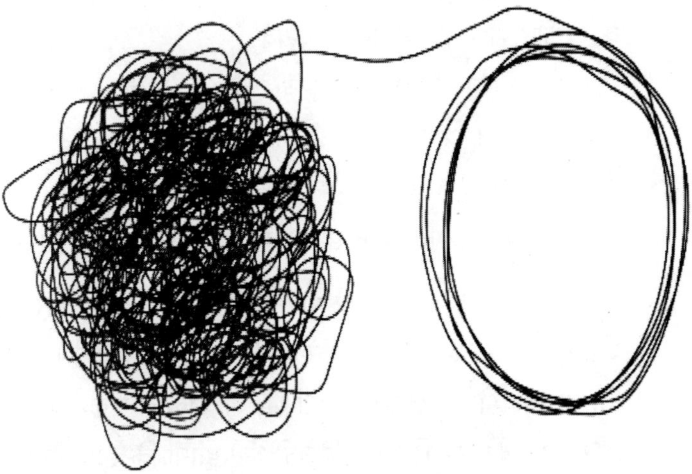

साइकिल की वजह से मिली थी एप्पल में नौकरी!

जब स्टीव जॉब्स, टिम को एप्पल के लिए चुन रहे थे उस दौरान उन्होंने टिम के बारे में सारी जानकारी इकट्ठा की। ऐसे में जब किसी व्यक्ति ने उन्हें बताया कि टिम को साइक्लिंग का शौक़ है और वो अपने व्यस्त जीवन में से रोज़ाना सुबह साइक्लिंग के लिए वक़्त ज़रूर निकाल लेते हैं। ये बात सुनकर ही स्टीव जॉब्स को यक़ीन हो गया कि उनका चुनाव बिल्कुल सही है। उनका कहना था कि जो व्यक्ति अपने व्यस्त जीवन में से साइक्लिंग के लिए समय निकाल सकता है वो कितना फोकस्ड होगा ये बात साबित करने की ज़रूरत नहीं है।

दरअसल, स्टीव जॉब्स को भी साइक्लिंग का शौक़ था और वो अपने जैसे गुण वाले इंसान को देखकर काफ़ी प्रभावित हुए। वैसे स्टीव और टिम में और भी एक ख़ास समानता थी- वो ये कि दोनों का रेयर ब्लड ग्रूप और शरीर की कई स्थितियाँ मिलती थीं। इतनी कि स्टीव के लिए जब लीवर की ज़रूरत थी तब टिम एक पर्फ़ेक्ट मैच बनकर सामने आये। यहाँ

तक कि टिम ने स्टीव जॉब्स के सामने ये प्रस्ताव भी रखा कि वो अपने लीवर का हिस्सा उन्हें डोनेट करने के लिए तैयार हैं। तब स्टीव ने उन्हें चिल्लाते हुए मना किया।

"फोकस सबसे ज़रूरी चीज़ है।

इसकी जरूरत केवल कंपनी चलाने में ही नहीं बल्कि पर्सनल लाइफ में भी उतना ही ज़रूरी है।

–टिम कुक

सुबह जागकर जो सबसे पहले करते हैं कुक

टिम लोगों के बारे में कितना सोचते हैं, यह जानने के लिए हमें उनकी दिनचर्या के बारे में मालूम होना चाहिए। किसी व्यक्ति की दिनचर्या उसके स्वास्थ्य ही नहीं उसके स्वभाव का भी आइना होती है। टिम अपना दिन काफ़ी जल्दी शुरू करते हैं। इसके लिए वो सुबह 3:45 से 4 के बीच उठते हैं। इतनी सुबह उठने को लेकर टिम का अपना विचार है। उनका यह विचार आपको अपनी सुबह जल्दी शुरू करने के लिए प्रेरित कर सकता

है। उनका कहना है कि वो इतनी सुबह इसलिए उठते हैं क्योंकि उन्हें लगता है कि वो शाम से ज़्यादा सुबह पर नियंत्रण कर पाते हैं। उनका कहना है कि दिन भर में कई ऐसे मौक़े आते हैं जहाँ आप आपा खो सकते हैं। लेकिन सुबह सिर्फ़ आपकी होती है। ऐसा भी कहा जा सकता है कि प्रातःकाल ही हमारा होता है। इसके बाद दिन की शुरुआत हो जाती है और हम काम में व्यस्त हो जाते हैं। वैसे कुक न सिर्फ़ जल्दी उठते हैं बल्कि वो सुबह एक प्लान के साथ उठते हैं। उन्हें दिन भर में क्या करना है ये पहले से पता होता है। यही नहीं वो वीकएंड में ही वीक के शुरुआती दिन की रूपरेखा भी तैयार कर लेते हैं।

टिम सुबह उठने के बाद फ़्रेश होकर सीधे मेल पढ़ने और उसका जवाब देने बैठ जाते हैं। इतनी बड़ी कम्पनी के लाखों ग्राहकों की शिकायतों को टिम पढ़ते हैं और उनका जवाब भी देते हैं।

उन्होंने ये ख़ुद भी बताया कि उन्हें एप्पल के प्रोडक्ट का इस्तेमाल करने वालों के फ़ीडबैक आते हैं तो वो उन्हें तवज्जो देते हैं। वैसे टिम ने ईमानदारी से बताया कि वो सारे मेल्स तो नहीं पढ़ पाते हैं लेकिन काफ़ी मेल्स का जवाब देते हैं। ये बताते चलें कि इनकी संख्या तक़रीबन 7 से 8 हज़ार होती हैं। उनका कहना है कि वो ग्राहकों की हर बात जानना चाहते हैं, ताकि उन्हें ये पता रहे कि ग्राहक क्या महसूस करता है। वह क्या सोचता है और क्या करता है। उन्हें यूजर्स के कमेंट्स और इस तरह की चीज़ों की जानकारी लेना अच्छा लगता है। वो कहते हैं कि कम्पनी के बाहर के लोगों के फ़ीड्बैक्स हमारे लिए काफ़ी ज़रूरी हैं। *यानी अगर आप एप्पल प्रोडक्ट इस्तेमाल करते हैं। और आपने कोई शिकायत लिख भेजी हो तो हो सकता है कि आपका वो मेल टिम कुक न सिर्फ़ पढ़ें बल्कि आपको जवाब भी दें।*

सुबह उठकर मेल चेक करने और उसका जवाब देने के बाद टिम नाश्ता करके सीधे पहुँच जाते हैं–अपनी फ़ेवरेट जगह जो है–जिम। उन्होंने ख़ुद बताया था कि वो तक़रीबन एक घंटे तक वर्कआउट करते हैं क्योंकि इससे वो दिन भर तनाव मुक्त रहते हैं। जिम से निकलने के बाद टिम कुछ समय कॉफ़ी शाप में बिताते हैं यहाँ भी वो मेल्स को पढ़कर उनका जवाब देने में व्यस्त रहते हैं। एक और बात जो टिम करते हैं वो ये कि वो समय पर ऑफ़िस पहुँच जाते हैं। *कम्पनी में इतने बड़े पद में होने के बाद भी वो ऑफ़िस के ऐसे एम्प्लॉई हैं जो सबसे पहले आते हैं और सबसे अंत में जाते हैं।* इसके बावजूद टिम कुक 7 घंटे का समय सोने के लिए निकालते हैं। वो दिन में कुल 12 घंटे काम करते हैं और 7 घंटे आराम। वो घर उसी वक़्त पहुँचते हैं जबकि उनके सोने का वक़्त होता है। और ये वक़्त है—रात 8 बजकर 45 मिनट का।

टिम कुक को नापसंद हैं अधूरी तैयारी वाले लोग

वैसे ऑफ़िस में टिम के काम करने का तरीक़ा भी ख़ास है। रोज़ाना 7 से 8 हज़ार मेल पढ़ने के बाद टिम उनसे मिले फ़ीडबैक को भी काफ़ी सीरियसली लेते हैं। ख़ासकर ऐसे फ़ीडबैक जो तारीफ़ के नहीं होते। उनका कहना है कि नेगेटिव फ़ीडबैक वास्तव में सुधार लाने के लिए प्रेरित करते हैं। वैसे इस तरह के नकारात्मक फ़ीडबैक वो कर्मचारियों तक कैसे पहुँचाते हैं, इस बारे में भी टिम की बातें आपके लिए काम की हो सकती हैं। उनका कहना है कि *कर्मचारियों तक भी यह फीडबैक पहुँचना चाहिए, लेकिन कुछ इस तरह कि जिससे रचनात्मकता और उत्साह को और बढ़ाया जा सके।* लेकिन उनका ये भी कहना है कि फ़ीडबैक पॉज़िटिव हो या नेगेटिव उसे स्वीकार करना भी ज़रूरी है। वहीं वो अपनी बात अपने कर्मचारियों तक बेझिझक पहुँचाने की कोशिश कहते हैं। उनकी कोशिश होती है कर्मचारी उनसे डरकर कुछ छुपाएँ नहीं, क्योंकि ऐसा होने में सबका नुकशान है। हमें सिर्फ़ अपने जैसा होना चाहिए। और जब हम ख़ुद को इस तरह देखेंगे तो हमें खुद का बचाव करने की ज़रूरत ही नहीं पड़ेगी।

टिम के लिए हर वो व्यक्ति ख़ास है जो अपने काम की तैयारी करके आया है। वो ऐसे हर व्यक्ति से मिलने के लिए तैयार रहते हैं। यही कारण है कि जब किसी को टिम से मिलना हो तो उसे पहले

उनके मैनेजर से मुलाक़ात करनी होती है। वो ये जाँचते हैं कि उस व्यक्ति के पास मीटिंग के विषय से जुड़ी सारी जानकारियाँ मौजूद हैं, जिससे सम्बंधित सवाल टिम उनसे पूछ सकते हैं। व्यक्ति पूरी तैयारी के साथ आया हो तभी उसे टिम से मिलने की अनुमति मिलती है। इसके पीछे टिम का सोचना यह है कि जो लोग बिना मेहनत किये ही सफलता पाना चाहते हैं वो सोचते हैं कि हर किसी को धोखा दे सकते हैं लेकिन आख़िरकार वो स्वयं को धोखा दे रहे होते हैं।

किसी की तैयारी जाँचने के लिए टिम अक्सर कई तरह के सवाल करते रहते हैं। उनकी ऑपरेशनल टीम में काम कर चुके स्टीव डॉयल उनके बारे में बताते हैं:

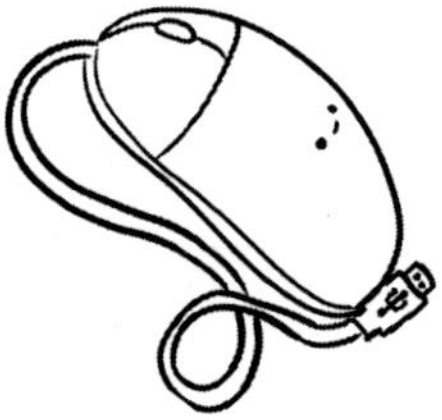

"वो आपसे दस सवाल पूछेंगे अगर आप उनके सही जवाब दे देंगे तो वो आपसे और दस सवाल पूछेंगे। फिर वो आपसे नौ सवाल और पूछना शुरू कर देंगे, अगर आपने एक का जवाब ग़लत दे दिया तो फिर वो आपसे 20 सवाल करेंगे और उसके बाद 30 और।"

एक ओर जहाँ ये सारी बातें जानकर ऐसा लगता है कि टिम के साथ काम करना कितना कठिन होगा। वहीं हर कर्मचारी से जुड़ने का उनका एक अनोखा तरीक़ा है। जो लोगों को दिल से छू लेता है। लंच टाइम में वो कम्पनी के कैफ़े में जाते हैं। और वहाँ मौजूद किसी भी कर्मचारी के साथ बैठ जाते हैं और उसी के साथ लंच करते हैं। इसके लिए वो किसी ख़ास व्यक्ति को नहीं चुनते। बल्कि किसी भी कर्मचारी के साथ सीट शेयर कर लेते हैं। इससे उन्हें अपने स्टाफ़ को भी जानने का मौक़ा मिलता है।

एक ओर जहाँ वो कर्मचारी से इस तरह लंच पर मिलते हैं तो दूसरी तरफ़ तैयारी न होने पर मिलने से भी इनकार कर देते हैं। एक ऐसा दौर भी था, जब उन्हें कम्पनी के स्टाफ़ में से कई लोगों को हटाना पड़ा। इसके लिए उन्हें आलोचनाओं का भी सामना करना पड़ा। लेकिन कुक हमेशा कार्यक्षेत्र में सकारात्मक वातावरण और एक स्वस्थ प्रतिस्पर्धा के लिए स्थान रखते हैं। वो अपने सहज ज्ञान के बल पर निर्णय लेने और फिर उसे सही साबित करने के लिए अपनी पूरी शक्ति झोंक देने में विश्वास रखते हैं। उनका यही विश्वास कम्पनी के तौर पर अपनी सफलता की कहानी कह रहा है। अगर देखा जाए तो एप्पल ने मानव अधिकारों की भी पैरवी की है फिर चाहे वो निजता की रक्षा करना हो या ग्राहकों के डिवाइस को वायरस से बचाना हो। वहीं *अपने ग्राहकों को फ़ोन के ज़्यादा इस्तेमाल से सजग रहने वाले फ़ीचर भी फ़ोन में डालते हैं ताकि लोग ये अंदाज़ा लगा सकें कि वो दिन रात फ़ोन के साथ ही तो नहीं जी रहे हैं।*

कुक टेंशन से दूर रहने के लिए क्या करते हैं

टिम कुक ने अपने एक इंटरव्यू में ये कहा था कि उन्हें यही लगता है कि तकनीक मानवता की सेवा करने वाली होनी चाहिए न कि इसके विपरीत। वो लोगों द्वारा तकनीक के ज्यादा इस्तेमाल को लेकर चिंता व्यक्त करते हैं। यही वजह है कि एप्पल में स्क्रीन टाइम जैसे फ़ीचर लाए गए हैं। ताकि लोगों को पता चल सके कि वो वास्तव में फ़ोन के साथ अपने दिन का कितना समय व्यर्थ कर रहे है।

उन्होंने कहा कि मैं *ख़ुद कभी ख़त्म न होने वाली स्क्रोलिंग से चिंता में पड़ जाता हूँ। क्योंकि इससे एक समय के बाद हमारे मन में किसी न किसी रूप में नेगेटिविटी क़ब्ज़ा जमाती जाती है।*

निजी जीवन में ध्यान को महत्त्व देने वाले टिम मानसिक स्वास्थ्य की बात करते हैं। आपके मन में यह ख़याल सहज ही

आएगा कि इतनी बड़ी कम्पनी की ज़िम्मेदारियाँ सँभालते हुए कुक ख़ुद को तनाव मुक्त कैसे रखते होंगे।

टिम ने बताया कि उनके लिए हाइकिंग मेडिटेशन का काम करती है। इसके ज़रिए वो प्रकृति से मुलाक़ात करते हैं और ये महसूस कर पाते हैं कि आख़िर प्रकृति के सामने हमारा अस्तित्व कितना तुच्छ है। यही नहीं हायकिंग के दौरान वो जो कुछ महसूस करते हैं, उसके बाद उन्हें अपनी कई मुश्किलें कम लगने लगती हैं। टिम इस बारे में खुलकर बात करते हैं। क्योंकि उनके मुताबिक़ ये बेहद ज़रूरी है। वो कहते हैं कि न मेरे सीने पर S का निशाना बना है औरे न ही मेरे पीछे कोई शील्ड है। मैं कोई सुपरमैन नहीं हूँ। मैं भी इस महामारी के दौरान अक्सर लो फ़ील किया करता था जैसा कि बाक़ी सभी ने किया। मैं ये जनता हूँ कि मेरे पास कई ऐसी सुविधाएँ हैं जो बहुत से लोगों के पास नहीं हैं। मगर हममें से किसी के पास भी ऐसी कोई सुविधा नहीं है जो मानसिक स्वास्थ्य को सुनिश्चित कर सके।

जबकि ये हमारे जीवन का अहम पहलू है।

टिम मानसिक स्वास्थ्य को महत्त्वपूर्ण मानते हैं। उनका मानना है कि हर व्यक्ति को समाज उसी तरह स्वीकार करे जिस तरह वो है। टिम इस बात पर भी ज़ोर देते हैं कि हर किसी को अपने आज को पूरी तरह जीना चाहिए। अपने हर प्रयास आज करना चाहिए। *आज ही आने वाले दिन की उम्मीद को भी बरक़रार रख सकता है। वो ध्यान को महत्व देते हैं।* उनका मानना है कि न सिर्फ़ किसी कम्पनी के संचालन में बल्कि निजी जीवन में भी ध्यान करना बहुत महत्वपूर्ण है। टिम एक ओर ये मानते हैं कि हर व्यक्ति इतिहास रच सकता है और इसके लिए उसे प्रयास भी करना चाहिए। और ऐसा बनना ही है ये ठानकर हर प्रयास करना चाहिए। वो सिर्फ़ लक्ष्य या मंज़िल को ही महत्त्व न देते हुए उस तक पहुँचने के सफ़र को ज़्यादा रोचक बनाने और उसमें आनंद अनुभव करने की बात पर बल देते हैं।

"हमारे लिए नई खोज चीजों को और बेहतर बनाना है।"

–टिम कुक

"मुझे अपने समलैंगिक होने पर गर्व है" —टिम कुक

21 वीं सदी में जहाँ कई मामलों में लोगों की सोच बदली है वहीं अब भी समलैंगिकता एक ऐसा मुद्दा है जिस पर सबकी सोच बराबर नहीं है। जहाँ कुछ देशों में समलैंगिकता को क़ानूनन मान्यता मिल गयी है। वहीं कई देशों में अब भी यह या तो गैरकानूनी है या फिर इसे सामान्य बताने वाला कोई क़ानून नहीं है। ऐसे में किसी बड़ी कम्पनी के CEO का ख़ुद को समलैंगिक घोषित करना कोई सामान्य बात नहीं है। यूँ तो टिम कुक ने सालों से ख़ुद को समलैंगिक के तौर पर पेश किया है। और वो इस बात को कभी किसी से छुपाते भी नहीं। मगर टिम को एक वक़्त पर ये अहसास हुआ कि जब उनके क़रीबी उनके समलैंगिक होने के बारे में जानते हैं फिर भी ये बात उन्होंने कभी भी खुले तौर पर क्यों नहीं कही?

बस इस बात का अहसास होते ही टिम ने ये तय कर लिया कि वो ऐसा ज़रूर करेंगे।

टिम कुक जून, 2014 में सैन फ्रांसिस्को की गे प्राइड परेड का हिस्सा बने। इस परेड में उनके साथ उनकी कम्पनी का डेलीगेशन भी मौजूद था। इसी साल अक्टूबर में एक प्रतिष्ठित मैगज़ीन के एडिटोरियल के ज़रिए टिम ने सार्वजनिक रूप से समलैंगिक होने की बात को स्वीकारा।

इस लेख में उन्होंने कहा:

"मुझे अपने समलैंगिक होने पर गर्व है और अपनी समलैंगिकता को मैं भगवान द्वारा दिये गये सबसे महानतम तोहफ़ों में से एक मानता हूँ।"

टिम ने इस लेख को ख़त्म करते हुए लिखा:

"हम ईंट से ईंट जोड़कर न्याय की उजली राह का निर्माण कर रहे हैं और इसमें ये मेरी ईंट है।"

अपनी इस स्वीकारोक्ति पर टिम ने कहा कि उन्हें इस बात पर एक मिनट के लिए भी कोई पछतावा नहीं है, बिल्कुल भी नहीं।

टिम के इन विचारों ने लोगों के मन में समलैंगिकता के प्रति एक अलग ही भाव पैदा कर दिया। जब टिम से पूछा गया कि आख़िर उन्हें ऐसा क्यों लगा कि उन्हें यह बात सबके सामने लानी चाहिए। इस पर उन्होंने विस्तार से बताया कि उन्हें जगह-जगह से बच्चों के नोट्स मिल रहे थे। **वो बच्चे जो ख़ुद के समलैंगिक होने को लेकर परेशान थे।** कई बच्चों ने उन्हें बताया कि वो तनावग्रस्त हैं। यही नहीं कई तो आत्महत्या के मनोभाव में फँसे थे। टिम बताते हैं कि कुछ को तो उनके अपने माता-पिता और परिवार ने ही स्वीकारने से इंकार कर दिया था। इन सारी बातों ने कहीं न कहीं मुझे ये सोचने पर मजबूर किया कि आख़िर मैं उनके लिए क्या कर सकता हूँ। टिम का कहना है कि उन्हें अपनी निजी ज़िंदगी को निजी रखना पसंद हैं बावजूद इसके उन्हें एक समय पर ये लगा कि वो ऐसा करके ख़ुद को उन व्यक्तियों की मदद करने से रोक रहे हैं जिन्हें लगता है कि समलैंगिक होना कोई दोष है। बस यही एक विचार ऐसा था जिसने टिम को अपनी समलैंगिकता सार्वजनिक रूप से स्वीकारने के लिए प्रेरित किया।

टिम के मन में यही विचार था कि आख़िर वो किस तरह सबकी मदद करें। हर एक से मिलकर उन्हें समझाना तो सम्भव नहीं था। ऐसे में बस एक ऐसा संदेश ही उन्हें मदद कर सकता था। जिससे उन्हें ये दिलासा मिले कि वो अकेले नहीं हैं। इस बारे में खुले तौर पर बात करते समय क्या उनके मन में किसी तरह का कोई डर था? यह सवाल पूछने पर टिम ने एक इंटरव्यू में कहा कि उन्हें इस बात का कोई डर नहीं था कि लोग उनके बारे में क्या सोचेंगे मगर उनके मन में कम्पनी को लेकर कुछ ज़रूर था। टिम ने बताया कि उन्हें अपनी कम्पनी को लेकर किसी तरह का कोई संदेह नहीं था क्योंकि वहाँ काम करने वाले लोग खुले विचारों के हैं। मगर उन्हें बाहर के लोगों को लेकर ज़रूर संशय था। इस बात को स्वीकारने का असर कम्पनी पर भी हो सकता था। टिम कहते हैं कि न सिर्फ़ कुछ देशों में बल्कि उनके अपने देश में भी समलैंगिकता को लेकर कई तरह की वर्जनाएँ हैं। उन्होंने बताया

कि कई ऐसी कम्पनियां भी हैं जो किसी व्यक्ति को सिर्फ़ इसलिए भी काम से बाहर कर देती हैं क्योंकि वो गे है।

"सामाजिक प्रगति के लिए यह समझना ज़रूरी हैं कि किसी व्यक्ति को केवल किसी की नस्ल या लिंग से परिभाषित नहीं किया जाता है।"

–टिम कुक

एप्पल के बोर्ड ने टिम कुक के समलैंगिक होने पर लिया था ये निर्णय

टिम ने ख़ुद तो ये निर्णय ले लिया था कि वो अपने समलैंगिक होने की बात को सार्वजनिक रूप से सामने लाना चाहते हैं लेकिन इसके कारण कम्पनी को किसी तरह का कोई नुक़सान न हो ये सोचना भी उनका ही काम था। इसके लिए उन्होंने पहले बोर्ड के साथ मीटिंग की और उन्हें अपना निर्णय सुनाया और ये भी बताया कि आख़िर वो किस तरह से इस बात को सार्वजनिक करना चाहते हैं। इसके बाद टिम ने बोर्ड से कहा कि अगर बोर्ड उनका समर्थन करता है तभी वो अपना क़दम बढ़ाएँगे वरना अपने विचार वापस ले लेंगे। मगर उन्हें सबका सहयोग मिला। जैसा कि टिम ने कहा था कि एप्पल में काम करने वाले व्यक्ति अलग सोच रखते हैं। वैसे ही बाद में टिम ने ये भी बताया कि उन्हें पूरी तरह विश्वास था कि उन्हें बोर्ड का समर्थन मिलेगा फिर भी वो यह जानना चाहते थे। उन्होंने कहा कि एप्पल, एक कम्पनी के तौर पर खुले दिमाग़ की और विविधताओं को स्वीकार करने वाली है। इसे इस पहलू से भी समझा जा सकता है कि एप्पल ने काफ़ी पहले से उपयोगकर्ताओं को पार्टनर के लिए लाभ देना शुरू किया हुआ है।

टिम ने बताया कि उन्हें जब भी कोई काम करना होता है तो वो पहले ऐसे लोगों की लिस्ट बनाते हैं जिन्होंने वैसा कोई काम पहले किया हो। इस लिस्ट में पहला नाम था –**एंडरसन कूपर**।

एंडरसन कूपर पहले ही सार्वजनिक रूप से समलैंगिक होने की बात को स्वीकार चुके थे।

टिम ने उनसे मीटिंग फ़िक्स की और इस बारे में उनसे सीधे मिलकर बात की। एंडरसन ने उनकी काफ़ी मदद की और उन्हें मार्ग दिखाया जिसके ज़रिए टिम अपनी समलैंगिकता को लोगों के सामने रख सके। टिम ने कहा कि उन्हें इस बात से काफ़ी मदद मिली और इस बातचीत के बाद एंडरसन और टिम आपस में काफ़ी अच्छे दोस्त बन गये। वो तमाम और मसलों पर एक-दूसरे से बात करने लगे।

समलैंगिकता उनका नहीं भगवान का निर्णय है

टिम का कहना है कि उन्हें लगता है कि समलैंगिकता उनके लिए भगवान का दिया सबसे बड़ा गिफ़्ट है क्योंकि सबसे पहले वो इसे भगवान का ही निर्णय मानते हैं। *दूसरे वो ख़ुद को भाग्यशाली मानते हैं कि इसके कारण वो अल्पसंख्यकों के प्रति एक अलग तरह की सहानुभूति रखते हैं। क्योंकि समलैंगिक भी समाज में अल्पसंख्यक ही हैं।* वैसे वो कहते हैं कि उन्हें पूरी तरह अल्पसंख्यकों की परेशानियों का नहीं पता है फिर भी उन्हें कम से कम ये बात तो समझ आती है कि वो क्या महसूस करते होंगे। *महसूस करने की इस विशिष्ट क्षमता को टिम ईश्वर का दिया सबसे बड़ा तोहफ़ा मानते हैं।*

टिम का कहना है:

समलैंगिक किशोर बच्चों के माता-पिता को इस बात को स्वीकार करना बहुत ज़रूरी है। कई बार माता-पिता को ये लगता है कि समलैंगिक होने के कारण उनके बच्चों का कोई भविष्य ही नहीं है। उन्हें परेशान किया जाएगा, उनकी क्षमता कम होगी, उनके पास मौक़ों की कमी होगी, वो कुछ हासिल नहीं कर पाएँगे। इस तरह के विचार बच्चों को और कमज़ोर करते हैं। असल में माता-पिता को चाहिए कि वो ख़ुद बच्चे को उसी तरह स्वीकार करें जिस तरह वो हैं और अगर अभिभावक उन्हें सम्मान और गरिमा देंगे तो बच्चा हर वो काम कर सकेगा जो वो चाहे।

वो कुछ भी बन सकता है,
एप्पल का CEO भी और प्रेज़िडेंट भी।
बस ये समझना होगा कि समलैंगिकता
कोई सीमा नहीं है, बल्कि एक विशेषता है।

–टिम कुक

“विविधता रचनात्मकता की मूलभूत आवश्यकता है”

अमेरिका में तमाम ऐसे लोग निवास करते हैं जो बचपन से ही अमेरिका लाए गए। वो वहीं पले बढ़े हैं और उसी संस्कृति को अपना मानते हैं। उनमें और किसी अमेरिकी नागरिक में अगर कोई अंतर है तो वो ये कि उनके पास नागरिकता का कोई प्रमाणपत्र नहीं है। बस इसी के न होने से इन निवासियों को ग़ैर-अमेरिकी कहा जाता है।

इन्हें अमेरिका में 'DREAMers' कहा जाता है। एप्पल ने इनके पक्ष में एक याचिका दाख़िल की थी, जिसमें कहा गया कि "विविधता रचनात्मकता की मूलभूत शर्त है।"

ये विचार कहीं न कहीं पूरी तरह से टिम कुक के भी हैं। उनसे जब इस विषय में बात की गयी तो उन्होंने बताया कि जब वो DACA प्रोग्राम के तहत आए लोगों से बातचीत करते हैं तो उनके अंदर उन्हें एक अलग क़िस्म का धैर्य, लगन और अमेरिका में बसने और काम करके कुछ पाने का उत्साह नज़र आता है। उनके अंदर अत्यधिक समर्पण, काम के प्रति लगन और अलग ही कर्मठता दिखती है। इन गुणों की टिम सराहना करते हैं और कहते हैं कि वो भी इसी तरह के गुणों के साथ बड़े हुए हैं।

अपनी कम्पनी एप्पल का उदाहरण देते हुए वो कहते हैं कि हम विविधता का स्वागत करते हैं, इसीलिए बेहतरीन प्रोडक्ट्स बना पाते हैं।

"जीवन बहुत नाजुक है। यहाँ कल की कोई गारंटी नहीं है। इसलिए आपको जो कुछ मिला है सब कुछ आज ही दे दो।"

–टिम कुक

हमें किसी बेहतरीन चीज़ के निर्माण के लिए दुनियाभर से अलग-अलग अनुभवों से भरे लोगों की आवश्यकता है।

ऐसे लोग जिनका एक अलग नज़रिया हो। और इस तरह सभी के नज़रिए को देखते हुए हम किसी एक निर्णय पर पहुँचकर कुछ नया बनाते हैं। जब अलग-अलग नज़रिये से ढेर सारे विचार सामने आते हैं, तो एक मिलाजुला रचनात्मक वातावरण बनता है। और यह सभी को साथ मिलकर विकास करने में मदद करता है। टिम कुक का कहना है कि वो इसी वजह से DRESMers को अमेरिकी नागरिकता दिये जाने का समर्थन करते हैं। क्योंकि वो भी उतने ही अमेरिकी हैं जितने की बाक़ी हैं। उनके पास एक पेपर न होने के कारण उन्हें अलग तरह ट्रीट करना सही नहीं है।

टिम का कहना है:

अगर इतने लोगों की भलाई के लिए उन्हें अपना और कम्पनी का नाम इस्तेमाल करने की ज़रूरत पड़ती है तो वो इससे चूकना नहीं चाहते।

लाखों डॉलर के शेयर कर दिए दान

ब्लूमबर्ग न्यूज़ ने कुक की संपत्ति के बारे में गणना करने की कोशिश की तो पाया कि कुक के पास लगभग 750 मिलियन डॉलर से ज़्यादा क़ीमत के 50 लाख शेयर हैं। वहीं कुक की कुल संपत्ति लगभग 1.5 बिलियन डॉलर है। कुक ने कमाई के मामले में अमेज़न के सीईओ रहे जेफ़ बेज़ोस और वॉरेन बफ़े को पीछे छोड़ दिया है। एप्पल के शेयर्स में लगातार आ रहे उछाल ने उनकी संपत्ति को बढ़ाया है। एक ओर जहाँ कुक की संपत्ति बढ़ रही है। वहीं उनकी सोच ज़्यादा से ज़्यादा धन कमाने की नहीं बल्कि उनकी योजना अपने धन को दान कर देने की है। कुक पहले ही लाखों डॉलर्स के शेयर्स दान कर चुके हैं।

तैयारी भविष्य की भी के कार्यकाल में एप्पल ने जो कामयाबी हासिल की है वह आने वाले दौर में कमज़ोर न पड़े इसके लिए कुक लगातार काम कर रहे हैं। कुक चाहते हैं कि जब भी वह कंपनी का शीर्ष पद छोड़ें तो एप्पल को कोई मुश्किल न आए। उन्होंने इसको लेकर एक टाइम-फ्रेम भी सेट किया है। कुक अपनी बातचीत में इस तरह के इशारे भी देते हैं कि वह कुछ सालों में कंपनी का शीर्ष पद छोड़ सकते हैं।

ब्लूमबर्ग के मार्क गुर्मन के मुताबिक़ टिम कुक एप्पल का पद छोड़ने से पहले एक ऐसे प्रोडक्ट पर काम कर रहे हैं जो बिल्कुल अलग और नया होगा। इस प्रोडक्ट को लेकर कहा जा रहा है कि ये कुछ ऐसा होगा जिसकी कल्पना भी हमने नहीं की होगी। मार्क के मुताबिक़ टिम कुक पद छोड़ने से पहले Apple के ऑगमेंटेड रियलिटी(AR) आमतौर पर, जब एक उपयोगकर्ता एक स्मार्टफोन या टैबलेट की कैमरा को एक ऑब्जेक्ट की ओर ले जाता है, तो ऑगमेंटेड रियलिटी सॉफ्टवेयर द्वारा उनके स्क्रीन पर एक वर्चुअल लेयर दिखाई देती है, जो वास्तविक विश्व के साथ एक संयोजन बनाती है। इस तरह, उपयोगकर्ता वास्तविक विश्व के एक हिस्से के साथ एक अद्भुत आभासी संसार में पहुँच जाता है। ग्लास को पेश कर सकते हैं। रिपोर्ट के अनुसार Apple AR की शुरूआत के लिए 2023 में मिक्सड रियलिटी हेडसेट को लॉन्च कर सकता है। ऐसी ख़बरें चल रही हैं कि कुक इसके लांच होने के बाद सीईओ का पद छोड़ सकते हैं। तो अगर इन बातों को एक साथ देखें तो मुमकिन है कि कुक 2025 तक एप्पल के सीईओ का पद छोड़ दें।

ऑगमेंटेड रियलिटी वह तकनीक है जो वास्तविक और आभासी को मिलाकर एक ज्यादा नयी वस्तिकता की रचना करती है। इस नयी वास्तविकता को ही संवर्द्धित वास्तविकता या ऑगमेंटेड रियलिटी कहते हैं। इस तकनीक में एक सेंसर द्वारा वास्तविक दुनिया की जानकारी संग्रहित की जाती है और फिर इसे वर्चुअल विश्व के साथ मिलाया जाता है।

यह आभासी वास्तविकता और संवर्द्धित वास्तविकता एक ही चीज़ नहीं है, दोनों में पर्याप्त अंतर है। आभासी वास्तविकता डिजिटल तकनीकों द्वारा रचा अपने आप में एक वैकल्पिक वास्तविकता है। जबकि संवर्द्धित वास्तविकता, वास्तविक वास्तविकता का ही विस्तार, उसी का संवर्द्धन है।

वर्तमान में तमाम कम्पनियाँ इस तरह के तकनीकों को विकसित करने में लगी हुई हैं। इसका उपयोग वीडियोगेम आदि बनाने में होता है। काफ़ी लोग मनोरंजन के लिए भी इसका उपयोग करते हैं। सबसे अधिक स्मार्टफोन या टैबलेट के माध्यम से उपयोग की जाती है।

पर्यावरण के लिए टिम

प्रकृति के साथ अपना समय बिताना पसंद करने वाले टिम एक कंपनी से जुड़े हैं। उन्होंने ये कोशिश की है कि उनकी कम्पनी किसी न किसी तरह पर्यावरण के संरक्षण में महत्वपूर्ण भूमिका निभाए। टिम बताते हैं कि कुछ साल पहले उन्होंने एक लक्ष्य निर्धारित किया था कि एप्पल पूरी तरह से अक्षय ऊर्जा का उपयोग करे। और पिछले सालों में उन्होंने ये लक्ष्य काफ़ी हद तक प्राप्त भी किया है। आपको शायद ये जानकर आश्चर्य हो कि उनकी इतनी बड़ी कम्पनी में ऊर्जा के स्रोत के रूप में सौर और पवन ऊर्जा का उपयोग किया जाता है। और बहुत कम मात्रा में जल का उपयोग होता है। अब उनका लक्ष्य है कि वो किसी तरह अपनी सप्लाई चेन में भी इसी तरह अक्षय ऊर्जा का उपयोग कर सकें। यही नहीं, आइ-फ़ोन के नए माडल में भी अधिकांश पार्ट्स रिसायकल हो सकते हैं।

ताकि कम से कम कचरा वातावरण में पहुँचे। यही नहीं कम्पनी के लिए इस्तेमाल होने वाले पेपर भी कम्पनी के द्वारा संरक्षित जंगलों से ही लाए जाते हैं। उनका सबसे बड़ा लक्ष्य है कि वो किसी तरह से अपनी कम्पनी को इस लायक बना सकें जिससे उन्हें पृथ्वी को किसी तरह से नुक़सान न पहुँचाना पड़े। वो अपने प्रोडक्ट के ज़रिए वो यही संदेश दुनिया भर के लोगों में भी पहुँचाना चाहते हैं।

"हमारा लक्ष्य कभी भी सबसे
ज्यादा बनाने का नहीं रहा है।
यह हमेशा सबसे अच्छा बनाने का रहा है।"

–टिम कुक

इंडिया में टिम कुक

टिम कुक 2023 के अप्रैल में दिल्ली और मुम्बई में एप्पल का रिटेल स्टोर खोलने के लिए इंडिया आये। लेकिन भारतियों ने उनका दिल जीत लिया। मुम्बई में उनके एप्पल स्टोर के बाहर सैकड़ों लोग इसलिए जमा हो गये कि वो उनकी एक झलक देख सकें। उन्होंने कहा कि इण्डिया ने एक लम्बी यात्रा की है। और इसी यात्रा में अपनी ख़ास संस्कृति विकसित की है। इसलिए इंडिया की तुलना किसी और देश से नहीं की जानी चाहिए। मुम्बई में वड़ा पाव खाते हुए उन्होंने कहा कि अमेरिका में हॉट डाँग और इंडिया में वड़ा पाव एक जैसा पसंद किया जाता है। लेकिन वड़ा पाव बेजोड़ है।

सामान्यतः इंडिया में बच्चों को कोडिंग की ट्रेनिंग नहीं दी जाती, लेकिन पाँच साल के एक बच्चे ने उन्हें अचंभित कर दिया। इस बच्चे का नाम रणवीर है। टिम उससे मिले और इतने प्रभावित हुए कि रणवीर को जून में होने वाले डेवलपर कॉन्फ्रेंस के लिए आमंत्रित किया। कुक लम्बे समय से स्कूली पाठ्यक्रम में कोडिंग को शामिल करने के हिमायती रहे हैं।

इससे पहले टिम कुक 2016 में भारत आए थे। उसके बाद 2017 में भारत में आईफोन की मैन्युफैक्चरिंग की शुरुआत हो गई थी। आज भारत में एप्पल आईफोन14 जैसे नए मॉडल भी बन रहे हैं।

टिम कुक से संवाद

आपको क्या उत्साहित रखता है?

प्राकृतिक परिवेश प्रसन्न और उत्साहित करता है। गर्मी की छुट्टियों में जब लोग विदेश घूमने जाना चाहते हैं तो मैं नेशनल पार्क जाता हूँ। नेशनल पार्क मुझे रोज़मर्रा के ठस्स दायरे से बाहर निकालता है।

मैं जिन लोगों के साथ काम करता हूँ वो दुनिया के सबसे क्रिएटिव लोग हैं। मैं उनसे सीखता हूँ कि दुनिया को अलहदा तरीक़े से कैसे देखा जाए। किसी विषय पर अलग तरीक़े से कैसे सोचा जाए। मैं उनसे बहस कर सकता हूँ और चीज़ों को एकदम नयी नज़र से देख सकता हूँ, जो मुझे सबसे ज्यादा पसंद है।

आप अपनी टीम को उत्साहित कैसे रखते हैं?

मैं उनपर वही तरीका अपनाता हूँ जो वो मुझपर अपनाते हैं। मैं उन्हें चीज़ों को अलग तरह से देखने के लिए उत्साहित करता हूँ। और यह विश्वास दिलाता हूँ कि उनके महत्त्व पर मेरा ध्यान है।

क्या कभी आप अनुत्साहित भी महसूस करते हैं?

हाँ, जब मैं खुद को उद्देश्यहीन महसूस करता हूँ। एप्पल जॉइन करने से पहले मैं अपने को एक शून्य में महसूस करता था। मुझे यह समझ में नहीं आता था कि जीवन का उद्देश्य क्या है। लेकिन जब मैं एप्पल में आया तो सबकुछ बदल गया। दिमाग के पीछे से लगातार एक आवाज़ आती रहती थी-और बेहतर कुक और बेहतर। स्टीव के साथ काम करना और उनके आसपास होना मेरे लिए सबसे बड़ा आनन्द बन गया। एप्पल में आना मेरे जीवन का अकेला सबसे महत्त्वपूर्ण फ़ैसला था।

आप अपनी टीम को कैसे इंस्पायर करते हैं?

वैसे ही जैसे वो मुझे करते हैं। मैं उन्हें अलहदा तरीके से सोचने और देखने के लिए उत्साहित करता हूँ। मैं एप्पल में उनके सहयोग को महत्त्व देता हूँ।

आपको अलग-अलग एज ग्रुप के लोगों के साथ काम करना चाहिए। हर उम्र के लोगों का नज़रिया अलग होता। मैं पुरानी पीढ़ी के लोगों की तरह नई जेनरेसन को लेकर पूर्वाग्रही नहीं हूँ। मुझे बस ऐसे लोग पसंद आते हैं जो दुनिया बदलना चाहते हों। मैं मलाला से मिला और दुनिया को लेकर उसके नज़रिए से प्रभावित हुआ।

एक कंपनी के रूप में एप्पल की सामाजिक जिम्मेदारी है?

निश्चय ही हमारी ज़िम्मेदारियाँ हैं, हम सारी ज़िम्मेदारियाँ सरकार पर नहीं डाल सकते। हमें इकोसिस्टम के बारे में सोचना होगा। हमें शिक्षा और प्राइवेसी के बारे में सोचना होगा। क्लाइमेट चेंज के बारे में हमें सोचना होगा कि हम क्या कर रहे हैं और इस बारे में क्या कर सकते हैं।

क्या सिखाया टिम ने

दुनिया में सबसे ज़्यादा कमाई करने वाले आठवें CEO टिम कुक के जीवन के हर पहलू से कुछ न कुछ सीखा जा सकता है। एक ओर जहाँ वो दुनिया की सबसे बड़ी कंपनियों में से एक को सम्भालते हैं, वहीं दूसरी ओर वो अपने शारीरिक और मानसिक स्वास्थ्य का भी ख़याल रखते हैं। उनके जीवन का हर पल इस तरह से ख़र्च होता है जिससे उसका ज़्यादा से ज़्यादा फ़ायदा मिले। वो चाहे उनकी कम्पनी के लिए हो, स्वास्थ्य के लिए या मानवता के लिए। एक तरह से हम कह सकते हैं कि टिम कुक अपने जीवन में संतुलन बनाना जानते हैं। और उनके जीवन का ये संतुलन किसी के लिए भी एक सीख हो सकती है। अगर आप इस संतुलन को उनकी कमाई या सम्पत्ति से जोड़कर देखते हैं तो आपको बता दें कि ज़्यादातर अकेले अपना समय बिताना पसंद करने वाले टिम कुक ने ये पहले ही घोषित कर दिया है कि वो अपनी सारी सम्पत्ति दान देंगे।

"अपनी ख़ुशी इस चलती हुई यात्रा में रहनी चाहिए – कुछ दूरी के लक्ष्य में नहीं।"

नोट्स

"कुछ लोग नवाचार को बदलाव के रूप में देखते हैं, लेकिन हमने वास्तव में इसे कभी इस तरह से नहीं देखा है। यह चीजों को बेहतर बना रहा है।"

नोट्स

"आपकी सफलता इस बात पर निर्भर नहीं करती कि आप ने कितना कमाया है।"